*„Musik drückt die Harmonie des Weltalls aus,
das Sittengesetz drückt die Ordnung des Weltalls aus. "*

KONFUZIUS

Meister der Güte und Mitmenschlichkeit

Inge von Wedemeyer

Verlag Heilbronn

CIP-Kurztitelaufnahme der Deutschen Bibliothek

Die Deutsche Bibliothek – CIP-Einheitsaufnahme

Wedemeyer, Inge von:
Konfuzius, Meister der Güte und Mitmenschlichkeit / Inge von Wedemeyer.
2. Aufl. — Heilbronn: Verl. Heilbronn, 1992
ISBN 3-923000-67-7

Verlag Heilbronn
Postfach 3641, D-7100 Heilbronn

Verkehrsnummer 14894
ISBN 3-923000-67-7

Copyright 1986 by Verlag Heilbronn
2. Aufl. 1992
alle Rechte vorbehalten
Druckerei Heilbronner Stimme

M. F.
in Dankbarkeit
und tiefster Verehrung

Die größte Güte ist es,
die Menschen zu lieben.

Konfuzius

Konfuzius

Konfuzius, Meister der Güte und Mitmenschlichkeit! Diese Charakterisierung entspricht im allgemeinen nicht der Vorstellung, die man in der westlichen Welt von Konfuzius hegt, hat man ihm doch das Etikett des „Sittenlehrers" angeheftet, und zwar im Sinne eines fast schulmeisterlichen Moralpredigers, obgleich bedeutende Wissenschaftler unseres Kulturkreises, wie der Sinologe Richard Wilhelm, die geistige Dimension dieser gigantischen Persönlichkeit ins rechte Licht gestellt haben, nicht zuletzt, indem sie dem Ursprung der Sitte nachspürten, der in der Kultivierung der Güte und Mitmenschlichkeit zu finden ist.

Es geht nun darum, das zum Klischee erstarrte Vorurteil beiseite zu lassen und sich den Weg zu dem verehrungswürdigen Meister durch Vertiefung in sein Leben und Werk freizulegen, gehört er doch zu den „Großen im Geiste", die der Menschheit einen Impuls gaben, kraft dessen die nächste Stufe der Entwicklung erstiegen werden kann und sollte.

Kung Fu-tse — Meister Kung, „Ehrwürdiger Meister" — wird in der westlichen Welt meistens Konfuzius genannt, — die von in China missionierenden Jesuiten eingeführte latinisierte Form seines Namens. Als Schriftsteller und Gelehrter trägt er zudem den Namen Tschungnis.

Konfuzius lebte von 551—479 v. Chr., also in derselben Epoche wie Lao-tse, Buddha, Zarathustra, Pythagoras* — eine der gewaltigsten uns bekannten Menschheitsepochen, deren Wirkung bis in die heutige Zeit schöpfe-

*Inge von Wedemeyer: „Die Goldenen Verse des Pythagoras", Verlag Heilbronn

risch hineinstrahlt. Die „Großen im Geiste" sind es, die das Bewußtsein der Menschheit für Wesen und Sinn des Seins und Daseins öffnen. Sie legen, immer aufs neue, die Fundamente frei, die aufzugeben einer Selbstaufgabe gleichkäme.

Die seither auch geschichtlich wahrnehmbare Kontinuierlichkeit der Offenbarung, die für den Christen in Jesus Christus ihren Höhepunkt findet, ermöglicht die kontinuierliche Entwicklung jedes einzelnen auf der Stufenleiter des Bewußtseins, je nachdem wie fähig und bereit man zu diesem Aufsteigen ist.

Mitten in einer Zeit des Verfalls erneuerte Konfuzius die teilweise nur noch ungenau und entstellt überlieferten Lehren, Riten, Sitten und Gebräuche der uralten chinesischen Kultur. Er machte ihren geistigen, seelischen und praktischen Kern wieder erlebbar und lebbar; er leitete eine Reform von innen her ein, die seither immer wieder — zeitenüberdauernd, zeitlos — in kraftvollen Wogen aufbrandet und Verdorbenes, Entartetes hinwegschwemmt.

Während all die anderen großen Menschheitskulturen innerhalb des uns einigermaßen bekannten Geschichtsraumes aufblühten und wieder zerfielen, hat die chinesische sich, trotz wechselvoller Schicksale, seit Jahrtausenden behauptet, was nicht zuletzt dem Konfuzianismus zu verdanken ist.

Schon Goethe schrieb: „Die Menschen (die Chinesen) denken, handeln und empfinden fast ebenso wie wir, und man fühlt sich bald als ihresgleichen, nur daß bei ihnen alles klarer, reinlicher und sittlicher zugeht . . . Aber eben durch diese strenge Mäßigung in allem hat sich denn auch das chinesische Reich seit Jahrtausenden erhalten und wird dadurch auch ferner bestehen." (31. 1. 1827)

6

Der Konfuzianismus wurde als Sittengesetz, Staatsrecht und Religion die grundlegende Geisteshaltung Chinas, ja im weiteren Sinne Ostasiens. Die Lebenskraft der
Lehre läßt sich nicht zuletzt dadurch erklären, daß sie in
völlig undogmatischer Weise dem Wesen des Menschen
entspricht. Die Lehre spiegelt das Gesetz, nach dem der
Mensch auf diesem Erdenplan angetreten ist, und hat daher für alle Zeiten und Zonen Gültigkeit, auch wenn gewisse durch Ort und Zeit bedingte Besonderheiten jeweils
ihr eigenes Kolorit geben.

Den Grundzug der Lehre kann man folgendermaßen
charakterisieren:

Das Glück des Menschen besteht darin,
in Harmonie mit dem Tao zu leben,
das heißt, den Willen des Himmels
in den Ordnungen des irdischen Daseins
darzuleben.

Im Lun Yü, den Gesprächen des Konfuzius, die man
auch als die „konfuzianische Bibel" bezeichnet hat, sagt
der Meister: Es geht darum, „den Angelpunkt zu finden,
der unser sittliches Wesen mit der allumfassenden Ordnung (der zentralen Harmonie) vereint, das ist in Wahrheit das höchste menschliche Ziel. Lange Zeit hindurch ist
es den Menschen nur selten geglückt". (LY 128)

Es geht also darum, die „Goldene Mitte" zu finden,
in der man weder den Himmel noch die Erde verfehlen
wird.

Konfuzius sagt: „Das Leben des sittlichen Menschen
ist ein Beispiel der allumfassenden sittlichen Ordnung"
(LY 77), d. h. der „Mitte", des Goldenen Mittelweges.
Eben darum nennt China sich seit altersher „das Reich
der Mitte". Schon hier wird deutlich, daß unter Sittlich-

keit zweifellos etwas ganz anderes zu verstehen ist als eine dürre Morallehre.

Konfuzius sagt: „Harmonie (Maß) und Mitte sind die Höhepunkte menschlicher Naturanlage."

Eines der bedeutendsten Werke des Konfuzianismus — es ist gleich dem Lun Yü eines der kanonischen Bücher — heißt: „Maß (Einklang, Harmonie) und Mitte" — Dschung Yung. Da lesen wir in der Einleitung die folgenden Worte:

„Der Zustand, da Hoffnung und Zorn, Trauer und Freude sich noch nicht regen, heißt die Mitte. Der Zustand, da sie sich äußern, aber in allem den rechten Rhythmus treffen, heißt Harmonie. Die Mitte ist die große Wurzel aller Wesen auf Erden, die Harmonie ist der zum Ziel führende Weg auf Erden."

„Bewirke Harmonie der Mitte, und Himmel und Erde kommen an ihren rechten Platz, und alle Dinge gedeihen." (Li Gi S.27)

Harmonie und Mitte, Gleichmut und Gleichgewicht sind das Ziel. „Zu viel ist gerade so falsch wie zu wenig", sagt der Meister. Die zentrale Harmonie ist die Nabe des Weltenrades, dort wurzelt die „Ordnung des Himmels" und „der Wille des obersten Himmelsherrn."

„Maß und Mitte" ist die „universale moralische Ordnung". Moral, Gutsein, ist die Erfüllung der eigenen, der eingeborenen Natur.

„Das moralische Gesetz, die Wahrheit, ist unzerstörbar, ewig, transzendent und intelligent; sie umfaßt und durchdringt alles, was ist."

„Das Sittengesetz kann überall gefunden werden, und doch ist es ein Geheimnis", heißt es im Dschung Yung; denn das Sittengesetz hat seine Wurzel in der Universalen Ordnung, im Großen Einen, im Göttlichen Geheimnis.

Um die Mitte des unbeweglichen Einen, des Seins, kreist die Schöpfung, das Werden. Aus der absoluten Mitte empfängt sie Wesen, Leben, Dasein.

„Himmel" (Tien) ist die Metapher für dieses Zentrale, dem im christlichen Denken der Gottesbegriff entspricht, wobei ebenfalls die Metapher „Himmel" gebräuchlich ist, z. B. „dem Himmel sei Dank".

„Tien Ming" bedeutet das Gesetz des Himmels oder der Befehl des Himmels. Himmel, das ist gesetzmäßiges Geschehen, kosmische Ordnung. Himmel, das ist die „lenkende, sichere Geistesmacht" (v. Delius). Im Einklang mit dem Himmel zu stehen, das ist Weisheit.

Im Li Gi, dem Buch der Sitte, das ebenfalls zu den klassischen kanonischen Schriften gehört, fragt der Herzog den Meister, was es heiße, seine Persönlichkeit zu vollenden. Und Konfuzius antwortet: „In allen Dingen nicht zu weit gehen. (Nicht zu weit gehen in allen Dingen heißt, mit dem Weg des Himmels übereinstimmen.)" (S. 232)

In der christlichen Religion entspricht dies der Bitte im Vaterunser: „Dein Reich komme, Dein Wille geschehe, wie im Himmel also auch auf Erden." Es ist die zentrale Lehre aller Religionen, die Basis jeglicher Kultur. So reiht die Botschaft und Weisung des Konfuzius sich ein in den Reigen der großen Menschheitslehren.

Konfuzius sagte: „Wer den Willen des Himmels nicht anerkennen will, kann kein Edler sein" (aus LY 20,3). Der Edle, das ist der wahre, d. h. der hoch entwickelte Mensch. Bei Jesus ist es der Mensch der Seligpreisungen, bei den Sufis al-insān al-kāmil, der universale, der vollkommene Mensch, um noch zwei Beispiele aus den großen Traditionen anzuführen.

„Das Ziel des Edlen ist das Tao." (LY 15,31)

„Das Ziel des Edlen ist das Tao*"

Was ist das Tao? Die beste Antwort auf diese Frage wäre wohl: Ich weiß es nicht!

Es fallen einem Goethes Worte ein: „Wer darf Ihn nennen, wer Ihn bekennen!" Und doch sollte man versuchen, sich vorzutasten, sollte Annäherungen erproben. Es zeigt sich, wie letztlich das ganze Leben darin besteht, dieses große Mysterium zu umkreisen, wie die Elektronen den Atomkern umkreisen, wie die Planeten ihre Choreographie rings um die Sonne tanzen, aus der sie ihr Leben haben und mit der zusammen sie das Lied der Weltenharmonie singen.

Ein bescheidener Schritt zu dieser umkreisenden Annäherung ist der Versuch, den Begriff des Tao zu definieren, besser gesagt, sich in Umschreibungen zu vertiefen, wie sie von Meistern und bedeutenden Denkern nahegelegt werden.

Sowohl für Taoisten wie auch für Konfuzianer ist Tao das höchste Eine, das höchste Prinzip, das All-Eine, ist Ursprung und Ziel des Alls und sein unauslotbares Mysterium.

„Das Geheimnis der Goldenen Blüte", aus sehr alter chinesischer Tradition stammend, beginnt mit den Worten: „Das durch sich selbst Seiende heißt Tao."

In einem anderen klassischen Text (Hui Ming Ging) heißt es: „Das feinste Geheimnis des Tao sind das Wesen

* sprich: dau

10

und das Leben." „Tao" wird auch mit „Leben" übersetzt.

Eine Felseninschrift aus dem Jahre 1556 lautet:

„Wahrlich, unermeßlich ist das Tao,
Aus sich selbst heraus wirkend,
Scheinbar ohne zu handeln,
Das Ende aller Zeiten und Anfang aller Zeiten,
Bestehend vor der Erde,
und eher als der Himmel vorhanden,
Schweigend umfassend
Die Ganzheit der Gezeiten,
Ununterbrochen fortbestehend durch alle Äonen,
Im Osten lehrte es den Vater Konfuzius,
Im Westen bekehrte es den „Goldenen Mann"
(Buddha).
Genommen als Norm
Von einem Hundert von Königen,
Überliefert durch Generationen von Weisen,
Ist es der Urahn aller Lehren,
Das Mysterium jenseits aller Mysterien." *(bei*
Laszlo, S.8)

— eine Definition der Gottheit, des Alpha und Omega.

Jeder der großen Meister und Menschheitsführer zeigt einen besonderen Aspekt des Einen Tao, den zu vermitteln ihm schicksalhaft aufgetragen wurde.

Wenn Tao Weg und Ziel ist, könnte man sagen, daß Lao-tse den Aspekt des Zieles, das absolut Unaussagbare, auszusagen versuchte, er machte den übermenschlichen Versuch, „die Gottheit absolut jenseits von Bild und Form, Raum und Zeit zu erfassen". Lao-tse „wandert dort, wo es keine Grenzen gibt". Und von Konfuzius könnte man sagen, daß er den Aspekt des Weges mit allen praktischen, höchst konkreten Notwendigkeiten und irdischen Konsequenzen darstellte; er war Pragmatiker und vermittelte den Weg für Menschen jeder Entwicklungsstufe. So kann man vom „Tao des Lao-tse" sprechen und spricht auch vom „Tao des Konfuzius".

Die Übersetzungen der Gespräche des Konfuzius (Lun Yü) und anderer Werke der chinesischen Tradition bringen verschiedene, auch irreführende Worte für „Tao", so zum Beispiel „geistige Dinge". Tao wird auch mit „Sittengesetz" übersetzt; treffender wäre „Göttliche Ordnung der Mitte". Wenn Tao mit „Vernunft" übertragen wird, so wäre es besser „Göttliche Vernunft" zu sagen, — das Gesetz des Himmels. Am häufigsten findet man wohl die Übersetzung „Weg", ist Tao doch der Weg des Himmels, der Erde und des Menschen, diese große Dreiheit der Grundprinzipien.

Im Wörterbuch von Rüdenberg lesen wir: Tao, d. i. Weg, Bahn, Weltordnung, der rechte Weg, richtige Grundsätze, Vernunft, Lehre, Grundsatz, Verfahren.

Der große Meister und Taoist Tschuang-tse, der es liebte, in Gleichnissen zu sprechen, erzählt:

„Der Flußgott sprach: Worin besteht nun aber der Wert des Tao? Der Gott des Nordmeeres sprach: Wer das Tao erkannt hat, der wird die Naturgesetze verstehen, wer die Naturgesetze verstanden hat, der wird das Wechselspiel der Kräfte durchschauen, wer das Wechselspiel der Kräfte durchschaut hat, der wird nicht um der Dinge willen sein naturgegebenes Selbst schädigen. . ." (S. 60)

Im Kapitel über die höchste Erkenntnis sagt Tschuang-tse: „Das aber ist das Tao. Es hat Sein und Wirklichkeit, aber es handelt nicht und hat auch nicht Gestalt; man kann es übermitteln, nicht aber fassen, man kann es begreifen, nicht aber sehen. Es ist selber Keim und Wurzel. Ehe noch der Himmel und die Erde wurden, ist es von

Ewigkeit zu Ewigkeit. Gott und den Geistern gibt es den Geist; Himmel und Erde gibt es die Gestalt. Es ist noch über dem Höchsten, und doch ist es nicht hoch, es ist noch unter dem Tiefsten, und doch ist es nicht tief. Es war vor Himmel und Erde und ist doch nicht gealtert, es war vor der Urzeit des Menschen, und doch ist es nicht alt." (S. 21)

Im Kapitel über das Tao führt Tschuang-tse zu einer tiefen Meditation: „Laß uns einmal gemeinsam in den weiten Raum des Nichts wandern und alles in Einem zusammenfassend über des Taos Unendlichkeit reden! . . ." (S. 69) — und schweigen.

Tao ist Einheit und Vielheit zugleich und ist das Unaussprechliche jenseits von Einheit und Vielheit. Die Jesuiten übersetzen Tao mit „Gott". Sollte man es nicht mit „Gottheit" übertragen?

In der chinesischen Übersetzung der christlichen Bibel wird das griechische Wort „Logos" mit „Tao" wiedergegeben. Und bei der Übersetzung buddhistischer Schriften wird das Wort „bodh", d. h. Erleuchtung, ebenfalls mit „Tao" wiedergegeben.

Tao ist Weg und Ziel zugleich.
Tao ist Weg und „waltender Weltsinn".

Auch dem deutschen Wort „Sinn" liegt (nach einer Studie von Josef Tiefenbacher) ursprünglich die Bedeutung „Reise, Weg" zugrunde. „Sind" bedeutet Fahrt, Kriegszug. Und das „Gesinde" waren ursprünglich die „Reisigen". So bedeutet unser Zeitwort „sinnen" eigentlich ein Reisen, mit seinen Gedanken einer bestimmten Richtung nachgehen.

Lao-tse, zu deutsch „Alter Meister", schreibt im ersten Kapitel des Tao-Te-King, d.h. „Das Heilige Buch vom Weg (Tao) und von der Tugend (Te)":

„Könnten wir weisen den Weg (Tao),
Es wäre kein ewiger Weg.
Könnten wir nennen den Namen,
Es wäre kein ewiger Name.
Was ohne Namen,
Ist Anfang von Himmel und Erde;
Was Namen hat,
Ist Mutter den zehntausend Wesen. "

Das Lun Yü, die Gespräche des Konfuzius, spricht in 53 seiner Sentenzen vom Tao. Die verschiedensten Umschreibungen und Übersetzungen dieses Begriffes haben sicher dazu beigetragen, im Laien die Vorstellung zu erwecken, als ginge es Konfuzius nicht um das Tao — mit der vorschnellen Schlußfolgerung, der Begriff des Tao sei Sache der Taoisten, des Lao-tse. Es wäre wünschenswert, wenn zentrale Begriffe in den Übersetzungen stets in Klammern in der Originalsprache hinzugefügt würden, um solchen Fehlinterpretationen vorzubeugen.

Zum Zentralbegriff des Tao ist bei Konfuzius stets der Begriff des Te, d.h. Tugend, Tauglichkeit, Charakter, Reife und Tüchtigkeit hinzuzudenken; ist dies doch das Mittel, um das Tao — den Weg und das Ziel — zu finden.

Das chinesische Schriftzeichen für „Tugend" und das für „Meisterschaft" wurden beide „Teh" ausgesprochen, — ein sinnreiches Wortspiel. Tao und Te, die später zum Titel des Werkes von Lao-tse, dem Tao-Te-King, zusammengefügt wurden!

Das Tao des Konfuzius ist Weg und Wahrheit. Der Weg zur Wahrheit ist Wahrhaftigkeit, – eine Qualität der Tugend (Te). Redlichste Wahrhaftigkeit ist Grundlage der Charakterbildung, d. h. Leben und Lehre müssen in der stufenweisen Entwicklung in Einklang miteinander stehen, und das wird erlernt durch Sittlichkeit und Selbstbemeisterung.

„Die Wahrheit haben, ist des Himmels Weg, die Wahrheit suchen, ist der Weg des Menschen", heißt es im Li Gi (S.37). „Wer die Wahrheit hat, trifft das Rechte ohne Mühe, erlangt Erfolg ohne Nachdenken, wandelt mit selbstverständlicher Leichtigkeit auf der Mitte. Das sind die Heiligen."

„Darum ist der, der die höchste Wahrheit hat, göttlich." (Li Gi S.38).

Der Meister sprach: „Glatte Worte und einschmeichelnde Mienen sind selten vereint mit Sittlichkeit." (LY 1,3)

Und „der Edle duldet nicht, daß in seinen Worten irgendetwas in Unordnung ist..." (LY 13,3)

Das Tao des Konfuzius ist der Weg zur Vervollkommnung des Menschen. So beginnt das Dschung Yung (Maß und Mitte) mit den Worten:

„Was der Himmel (dem Menschen) bestimmt hat, ist sein Wesen. Was dieses Wesen (zum Rechten) leitet, ist der Weg (Tao). Was den Weg ausbildet, ist die Erziehung. Der Weg darf nicht einen Augenblick verlassen werden. Dürfte er verlassen werden, so wäre er nicht *der* Weg."

Was für hohe, allerhöchste Ansprüche an den Menschen! Aber auch Konfuzius klagte: „Ach, daß der Weg nicht begangen wird!" (Li Gi S.28). Aber der Edle wandelt auf dem Weg des Himmels, auch wenn die Vollendung nicht abzusehen ist.

In der klassischen Denkweise stellte man eine Welt ohne Tao einer Welt mit Tao gegenüber, d.h. moralloses Chaos der sittlichen Ordnung, und brachte so ins Bewußtsein, daß man sich zur Veredelung seines persönlichen

Charakters an das Tao halten und die Prinzipien wahren Menschentums (Jen) zur Anwendung bringen muß.

In Harmonie mit dem Tao

Wie kommt man in Harmonie mit dem Tao? Wie kommt man auf den Pfad zur Vollendung, wie erlangt man wahres Glück, soweit dies menschenmöglich ist?

Vor allem ist zweierlei notwendig:

Erkenntnis und Unterwerfung.

Wie gewinnt man Erkenntnis? Durch Ehrfurcht vor den Mächten des Himmels. Konfuzius sagte:

> *„Dreierlei ist es,*
> *wovor der Edle Ehrfurcht empfindet.*
> *Ehrfurcht empfindet er*
> *vor dem Willen des Himmels,*
> *Ehrfurcht hat er vor großen Männern,*
> *und Ehrfurcht hat er*
> *vor den Worten der Heiligen.*
> *Der geringe Mensch jedoch erkennt nicht den Willen des Himmels und empfindet keine Ehrfurcht davor; er ist unehrerbietig gegenüber großen Männern und verspottet die Worte der Heiligen.* "(LY 16,8)

Entsprechend heißt es in den Psalmen des Alten Testamentes: „Wohl dem, der nicht wandelt im Rat der Gottlosen, noch tritt auf den Weg der Sünder, noch sitzt, da die Spötter sitzen, sondern hat Lust zum Gesetz des Herrn . . ." (1. Psalm, 1-2)

Wer sind die großen Männer, denen Ehrfurcht gebührt? Richard Wilhelm schreibt: „ . . . die Propheten, deren Geist mit dem geheimnisvollen Urgrund des Weltalls Berührung hat."

Der Weise, der Edle hat den Blick über die Erscheinungswelt hinaus auf das Eine, auf das unoffenbarte Mysterium gerichtet, auf die Quelle aller Kraft und allen Lebens. Die Erkenntnis, die er von dort empfängt, befähigt ihn, die Welt der Erscheinungen zu erkennen und zu verstehen und gibt seinem Wirken auch in dieser Welt die Richtschnur.

Darum sagt Konfuzius:

„Ein Mensch ohne Glauben: ich weiß nicht,
was mit einem solchen zu machen ist.
Ein großer Wagen ohne Joch,
ein kleiner Wagen ohne Kummet,
wie kann man den voranbringen?" (LY 2,22)

Und was bedeutet Unterwerfung? So zu leben, daß man sich zum Wohl aller in die Ordnung des Himmels, der die Ordnung der Erde begründet, einfügt. Denn:

„Wer sich am Himmel versündigt,
der hat niemanden mehr,
zu dem er beten könnte." (LY 3,13)

Je höher ein Mensch entwickelt ist, desto demütiger seine Unterwerfung unter den Willen des Himmels und desto tiefer die Erkenntnis. Das entspricht den Worten Jesu Christi: „Ich tue den Willen des, der mich gesandt hat." (Joh. 4,34)

Höchste Erkenntnis, so steht es bei Tschuang-tse, liegt darin, unterscheiden zu können, was himmlisch und was menschlich ist. „Zu wissen, was himmlisch in uns ist, ist ein Geschenk des Himmels. Zu wissen, was menschlich in uns ist, heißt, fußend auf dem unserem Wissen Erkennbaren, das Wissen von dem Unbekannten fördern." (S.17)

Auf die Frage nach dem Himmlischen und dem Menschlichen erwidert Tschuang-tse: „Zerstöre nicht durch Menschliches das Himmlische! Vernichte nicht zu irgendwelchen Zwecken dein Leben! Strebe nicht nach Ruhm auf Kosten deines Inneren, bewahre es vielmehr und hüte dich, es zu verlieren. Das nenne ich: Auf das wahrhaft Wesentliche zurückkommen." (S.60)

Diese Unterscheidungsschau ist sehr hohe Erkenntnis; jede der klassischen esoterischen Schulen lehrt sie seit altersher: die Unterscheidung zwischen Himmlischem und Irdischem, oder mit anderen Worten: Die Erkenntnis des Unvergänglichen, — aber nicht etwa nur als theoretisches Wissen!

Ehrfurcht und Unterwerfung sind es, die zu dieser Erkenntnis führen. Und die Erkenntnis wiederum vertieft Ehrfurcht und Hingabe. Im Rhythmus dieser wechselseitigen Anregung ersteigt man die „Himmelsleiter", wie der Christ es nennt, ersteigt die Stufenleiter, auf der jeder Mensch in dieser oder einer anderen Religion aufwärts steigen kann und sollte.

Ehrfurcht bedeutet auch Anerkennung einer Hierarchie der Werte, Anerkennung der „Oberen". Ehrfurcht bedeutet Rücksichtnahme und Achtung gegenüber allen Wesen, auf welcher Stufe der Entwicklung sie auch stehen mögen, denn jeder hat in dieser Ordnung den ihm zugemessenen Platz.

Konfuzius stellt diese Stufenleiter auf verschiedenste Weise dar. Er sagt:

> *„Wenn du einen Würdigen siehst,*
> *dann trachte, ihm nachzueifern;*
> *wenn du einen Unwürdigen siehst,*
> *dann prüfe dich selbst in deinem Innern."*
> *(LY 4,17)*

Und ein weiteres Beispiel aus dem Lun Yü (L, S.137):

„Wenn du weise genug bist, eine Wahrheit zu entdek-
ken, aber nicht stark genug, ihr treu zu bleiben, so wirst
du sie wieder verlieren, auch wenn du sie entdeckt hast.
Wenn du weise genug bist, eine Wahrheit zu entdecken,
und die Kraft hast, ihr treu zu bleiben, aber nicht fähig, im
öffentlichen Auftreten deine Würde zu bewahren, wirst
du der Obrigkeit nicht die Achtung des Volkes verschaf-
fen. Wenn du weise genug bist, eine Wahrheit zu entdek-
ken, stark genug, ihr treu zu bleiben, fähig deine Würde
zu bewahren, aber unfähig, dich in deinen Taten und deinem Benehmen vom Geist des Li (sittliche Zucht) durchdringen zu lassen, ist auch das nicht befriedigend."
Und ein andermal: „Die höchsten Menschen sind
fröhlich im Guten; die nächsten betrachten das Gute als
Mittel zur Ruhe und Sicherheit; die niedersten sind wenigstens fähig, sich Mühe darin zu geben . . . Die höchsten Menschen lassen kein Böses entstehen; die nächsten
vermögen es wenigstens schnell auszurotten; die unter-
sten vermögen wenigstens, es das nächste Mal besser zu
machen . . ." (Li Gi S.139)
Erkenntnis und Unterwerfung im Geiste des Li, der
sittlichen Zucht, führt zur Harmonie mit dem Tao.

Vom Wesen des Li, der guten Sitte

Was bedeutet Li, die sittliche Zucht, der ein so hoher
Wert beigemessen wird?
„Wie wirkend ist überall die Macht der geistigen
Kräfte im Weltall! Den Augen unsichtbar und den Sinnen
nicht wahrnehmbar, ist sie in allen Dingen enthalten, und
nichts kann sich ihrer Wirkung entziehen" (L, S.79), sagt
Konfuzius. Und diese geistige Kraft ist es, die im Men-
schen das ehrfurchtsvolle Verhalten bewirkt, das aber ist

ist die Grundlage der Sittlichkeit, und aus dem Geist der Sittlichkeit entfalten sich Riten, Sitten und Gebräuche.

Li, das sind also die Sitten und Zeremonien als Ausdruck der Gottesfurcht und Frömmigkeit, als Ausdruck der Harmonie mit dem Himmel.

Wenn man sich vom Geist des Li durchdringen läßt, können die Sitten nicht zu leeren Formen erstarren, sondern die Schönheit ihres wahren Wesens wird sichtbar, als Widerschein der Schönheit des Alls und des All-Einen.

In den Schulgesprächen, Gia Yü, wird der Meister nach der Bedeutung der Sitte gefragt, und er antwortet: „Du denkst wohl, zur Durchführung der Sitte gehören notwendig Tische und Matten, Verneigungen und Vortritt-Lassen, Emporsteigen der Treppen und wieder Hinabsteigen, Weineinschenken, Aufwarten, Erwidern und abermals Anbieten? Du denkst wohl, zur Darstellung der Musik gehören notwendig die Stellungen der Pantomimen, Federn und Flöten, das Spiel von Glocken und Pauken?

Der Geist der Sitte besteht darin, daß man seinen Worten entsprechend zu handeln vermag. Der Geist der Musik besteht darin, daß man bei seinen Handlungen Freude zu wahren versteht. Der Heilige tut nichts anderes, als daß er auf dem Throne sitzend diesen beiden Stükken seine ganze Kraft zuwendet. Dadurch kommt der Erdkreis in Ordnung, das Volk unterwirft sich in Gehorsam, die Beamten tun ihre Pflicht, und hoch und niedrig verkehren höflich . . ." (S.138)

Die rechte Form für die rechte Gesinnung, das ist Li.

Der Chinese nennt den Konfuzianismus auch die Li-Religion. In der Konfuzianischen Lehre gibt es keine Unterscheidung zwischen religiösem und profanem Tun;

denn, wie in allen großen Religionen und Kulturen, gibt es nichts, was nicht in Bezug zum All-Einen stünde.

Im Li Gi heißt es: „Die Sitte wurzelt im Großen Einen . . . Die Sitte hat ihre Wurzel stets im Himmel . . .“ (S.67)

Li ist also ein religiöses Prinzip, ist die unerläßliche Grundlage des gesamten religiösen, moralischen und sozialen Gefüges.

Durch die Hinwendung zum „Himmlischen“ findet man die Ordnungen für die Welt des „Menschlichen“. So regelt die Sitte die mitmenschlichen Beziehungen „sub specie aeternitatis“. Zu allen Zeiten und in allen Kulturen war dies die Grundlage der Sitten. Beim Niedergang einer Kultur verfallen die Sitten, weil man ihren Ursprung nicht mehr wahrhaben will und auch nicht mehr erkennen kann. Es kommt im Gebrauch der Sitten zu törichten Entstellungen und Entartungen, die denen recht zu geben scheinen, die über die Sitten und Gebräuche spotten und glauben, sich unbeschadet von ihnen emanzipieren zu können, indem sie sich pseudoindividuelle Freiheiten herausnehmen, Freiheiten auf Kosten der Mitmenschen, die zur Auflösung der Gemeinschaft und zu Selbstzerstörung führen.

Das wichtigste Bewährungsfeld für Sittlichkeit und Sitte ist zunächst die Familie. Im Li Gi wird aus dem „Buch der Lieder“, auch eines der kanonischen Werke, zitiert (S.31):

„Eintracht mit Weib und Kind
ist wie Harfen- und Zitherspiel.
Friede unter den Brüdern
schafft Freude und Frieden in Ewigkeit.
Heil sei deinem Hause,
Freude deiner Sippe!“

Der Meister sprach: „Und der Eltern Segen ruht darauf."

Die Familie steht im Mittelpunkt, und zwar nicht nur die eigene mit der Eltern- und Kindergeneration, sondern die Gesamtfamilie, die mehrere Generationen umfaßt. Die Grundlage hierfür ist in dem natürlichen, jedem eingeborenen Familiengefühl zu finden.

„Es ist mit den Generationen der Menschen so wie mit den Wellen des Meeres; jede Welle besteht für sich selbst, die erste ist nicht die zweite, die zweite nicht die dritte, aber alle sind aus demselben Wasser entstanden. Ähnlich verhält es sich mit dem Menschen. Ich bin in meiner gegenwärtigen Erscheinungsform aus der universellen Vernunft, der Materie des Himmels und der Erde hervorgegangen. Auch mein Vorfahr war aus denselben Elementen entstanden. Er ist nicht mehr, aber die Elemente sind geblieben. Ich bin mit ihm durch die Gemeinsamkeit der Konstitution, der Vernunft und der Materie verbunden. Ebenso sind der Himmel, die Erde und alle Wesen eins mit mir." (Werner Speiser)

Der Staat ist die erweiterte Familie. Und der Meister sagt: „Innerhalb der vier Meere (d.h. der Grenzen der Welt) sind alle Menschen Brüder" (LY 12,5). Daher ist auch der Begriff der Vaterschaft Gottes dem Chinesen keineswegs unbekannt, wird aber außer bei Mo-Dse, der etwa hundert Jahre nach Konfuzius gelebt hat, wohl seltener betont.

Im Li Gi heißt es (S.63): Der Heilige "sieht in der ganzen Welt seine Familie und im ganzen Reich der Mitte seine eigene Person." Dadurch hat er die Fähigkeit, die Gefühle der Menschen zu verstehen, „er muß sich nach ihrem Rechtsgefühl richten, er muß ihnen klarmachen, was zu ihrem Nutzen dient, er muß ihnen zeigen, was verderblich ist . . ."

Jeder hat sich pietätvoll in die Gemeinschaft einzufügen, um nicht zum Schaden, sondern zum Nutzen beizutragen. Man spricht von den fünf grundlegenden Beziehungen, die zu berücksichtigen sind:

Vater und Sohn
Mann und Frau
Älterer und jüngerer Bruder
Fürst und Beamter
Freund und Freund

„ . . . die so geeinigte Menschheit bildet mit Himmel und Erde zusammen die große Dreiheit der Grundprinzipien" (Richard Wilhelm).

Der Fürst Ai fragte den Meister, was man unter einem erfüllten Leben zu verstehen habe. Und Konfuzius antwortete: „Ihr müßt einfach dem Naturgesetz der Dinge folgen . . . Ein Edler legt solchen Wert auf das Gesetz Gottes (des Himmels), weil es ewig ist. Ihr seht zum Beispiel, wie Sonne und Mond einander ewig in ihrem Laufe folgen — das ist Gottes Gesetz. Das Leben hört in diesem Weltall niemals auf — das ist Gottes Gesetz . . . Wenn die Dinge geschaffen oder hervorgebracht werden, wird das All erneuert — das ist Gottes Gesetz . . . Ein großer Mensch folgt ganz einfach den Naturgesetzen der Dinge. Ein guter Sohn folgt ganz einfach dem Naturgesetz der Dinge. Darum weiß ein großer Mensch, daß er Gott dient, indem er seinen Eltern dient, und daß er seinen Eltern dient, indem er Gott dient. Dann lebt ein guter Sohn ein erfülltes Leben." (L, S.150)

Wer ist ein guter Mensch? Ein guter Sohn, ein guter Vater, ein guter Freund.

Wer auf Erden die höchste Wahrheit hat, kann wie Himmel und Erde schöpferisch gestalten und „bildet mit Himmel und Erde die große Dreieinigkeit" (Li Gi S.38).

In der westlichen Welt vertreten nicht wenige die Überzeugung, die Individualität käme in den fernöstlichen Lehren zu kurz, und es sei erst dem abendländischen Menschen vorbehalten, diese frei zu entwickeln. Dabei wird übersehen, daß bei uns Individualität häufig mit dem eigenwilligen, kapriziösen, egozentrischen Ich, ja dem sogenannten Schatten verwechselt wird.

Bevor man nicht fähig ist zum mündigen Gehorsam gegenüber dem Tao, kann von Individualität gar nicht die Rede sein. Konfuzius geht es um die Erziehung und Selbsterziehung des Einzelnen zum Wohle des Ganzen; d.h. eine Entwicklung, in der jeder Einzelne verantwortlich seinen Teil zum Frieden und zur Ordnung der Gemeinschaft beiträgt. In dieser höchst individualistischen Erziehung müssen alle, vom Kaiser bis zum gemeinen Mann, „die Pflege des Eigenlebens als Wurzel und Grundlage betrachten". (L, S.99)

Man könnte Li auch einfach mit Religion übersetzen; es ist die „Seelenhaltung des Frommseins", der Anständigkeit, der Rechtschaffenheit.

Li, die Sitten und Gebräuche, umfassen nicht nur den allgemeinen Verkehr der Menschen untereinander, sondern auch das gesamte Brauchtum des Alltags und der Feste, vom Dorftanz bis zum religiösen Opferritus.

Einmal wurde Konfuzius nach der Bedeutung des großen Opfers für den Ahn der Dynastie gefragt. Seine Antwort lautete: „Weiß nicht! Wer davon die Bedeutung wüßte, wäre imstande, die Welt zu regieren — so leicht, wie hierher zu sehen", dabei deutete er auf seine flache Hand. Richard Wilhelm erläutert: „Wer imstande wäre, die ganze Bedeutung dieser heiligen Handlung zu erfassen, hätte dadurch so tiefe Einblicke in die geheimnisvolle Ordnung der Welt und die überirdischen Beziehungen ihrer Kräfte gewonnen, daß er die Welt regieren könnte mit einer Leichtigkeit, als läge sie auf seiner flachen Hand, ihm vor Augen."

Darum sagt der Meister: „Wenn nun ein Mensch den Thron innehat, aber nicht die nötige Kraft des Geistes besitzt, so soll er es nicht wagen, Änderungen in den Riten und in der Musik vorzunehmen" (LY 3,11).

Hieraus wird ersichtlich, welche tiefe Bedeutung und Wirkkraft Konfuzius den Riten zumißt. Man darf sie sich ja keineswegs als abstrakte, lebensfremde Formen vorstellen; vielmehr liegt ihnen eine umfassende geistige Wissenschaft vom Wesen und Wirken des Kosmos, der Elemente und der Kräfte zugrunde. Es ist genauso wie in den anderen großen Kulturen, in denen die großen Riten Gegebenheiten im Bereich der Astronomie, der Mathematik, der Geometrie, der Psychologie und anderer Wissenschaften darstellen; die Riten sind Lehrbücher der Wissenschaften. Als Beispiel sollen nur die Ärzte – die „Heiler" – erwähnt werden, die Astronomen – die „Kalendermacher" – und die Wettermacher. Hier kommt eine Ganzheitsschau zur Auswirkung, der unsere Zeit nichts Ebenbürtiges zur Seite zu stellen hat.

Und doch hat ein Wiedererahnen der großen Zusammenhänge dazu geführt, daß unsere moderne Geisteswissenschaft, und in einigen tiefgehenden Bestrebungen auch die Naturwissenschaften, langsam zu erstaunlichen Wiederentdeckungen findet, und dadurch auch die alten Riten nicht mehr ohne weiteres als Aberglaube abtut.

Auch die Menschen der großen alten Kulturen haben keineswegs samt und sonders die alten Sitten und Gebräuche „verstanden". Aber durch die Anwendung „in einer Gestimmtheit gottesfürchtiger Frömmigkeit" hatten sie am segensreichen Wirken teil. Es waren immer nur Einzelne, die von ihrem Lehrer und Meister in die Wissenschaften der heiligen Zeichen und ihren Gebrauch eingeführt werden konnten.

Goethe wußte noch, was ein Ritual, eine Anrufung, eine Beschwörung der geistigen Kräfte bedeuten und bewirken kann, daher die Worte im Faust:

> *„Ich schau in diesen reinen Zügen*
> *Die wirkende Natur vor meiner Seele liegen ...*
> *Wie alles sich zum Ganzen webt!*
> *Eins in dem andern wirkt und lebt!*
> *Wie Himmelskräfte auf- und niedersteigen*
> *Und sich die goldnen Eimer reichen!*
> *Mit segenduftenden Schwingen*
> *Vom Himmel durch die Erde dringen,*
> *Harmonisch all das All durchklingen!"*

Die sittliche Ordnung wird als eine kosmische Gegebenheit sichtbar, wenn der Mensch sich dementsprechend verhält. Darum sagt Konfuzius: „Wenn die Leute bescheiden, ehrerbietig und genügsam sind, zeigt sich die Lehre des Li" (L, S.143,3).

„Darum wird ein Volk, welches das Li ehrt und befolgt, 'ein Volk mit einem bestimmten Grundsatz' genannt, und ein Volk, welches das Li nicht ehrt und befolgt, 'ein Volk ohne bestimmten Grundsatz'" (dt.S.145).

Und weiter: „Der edle Mensch erweitert seinen Horizont durch Bildung und Lernen; er richtet sich nach den Anweisungen des Li (den Gebräuchen der sittlichen Zucht); so wird er seinen Grundsätzen nicht untreu werden" (dt. S.136).

„Demut ist der sittlichen Zucht (Li) verwandt. Einfachheit des Charakters ist dem echten Menschentum (Jen) verwandt; und Redlichkeit ist der Aufrichtigkeit des Herzens verwandt. Wenn der Mensch diese Dinge in seinem Verhalten sorgfältig pflegt, mag er wohl noch Irrtümer begehen, aber er wird von der Norm des echten Menschentums (Jen) nicht weit entfernt sein" (L, S.129,2).

Wie karg nimmt sich daneben die Übersetzung aus dem Lexikon von Rüdenberg aus: danach ist Li Anstand, Höflichkeit, Etikette, gute Sitten, Gebräuche, Förmlichkeit, Feier, Geschenk, verehren.

Konfuzius lehrt: „Der edle Mensch wird immer auch ein Meister der Form (Li) sein, wird sich bemühen, nicht hinter dem Notwendigen zurückzubleiben, noch das wünschenswerte Maß zu überschreiten." Denn dieses rechte Maß der „geprägten Form, die lebend sich entwickelt" (Goethe) ist die Voraussetzung für ein harmonisches Miteinander der Menschen, bei dem jeder mit jedem verbunden und in gewissen Verhältnissen voneinander abhängig und einander verpflichtet ist. Darum sagt Konfuzius: „Li ist der Grundsatz gegenseitiger Achtung und Höflichkeit" (L, S.145).

Indem man sich selbst überwindet, findet man zurück zur wahrhaftigen Form, und dadurch schafft man Güte; so wie Güte die rechte und echte Sitte begründet.

Es wird sichtbar, daß die Grundlage der Sitte in der Sittlichkeit liegt, die Grundlage der Sittlichkeit in der naturgegebenen Ordnung.

Wollte man Konfuzius wegen der strengen, "pendantischen" Einhaltung des Li Vorwürfe machen, so könnte man auch der Sonne vorwerfen, sie sei pendantisch, weil sie mit absoluter Genauigkeit ihre Bahn einhält, am Morgen erscheint, am Abend untergeht.

Konfuzius sagt: „Der Weg des Edlen ist zu vergleichen einem Damm. Die Sitte dämmt die Entstehung der Unordnung ein, wie der Damm das Kommen des Wassers eindämmt." Darum: „Wenn man meint, die alten Dämme seien nutzlos, und sie zerstört, so kommt sicher eine Wassersnot. Wenn man meint, die alten Sitten seien nutzlos, und sie entfernt, so kommt sicher das Übel der Unordnung." (Li Gi S.206)

Das höchste Ziel der heiligen Sitten: Das Volk zur gegenseitigen Liebe und einem Gefühl der Zuneigung zwischen hoch und niedrig zu erziehen! (Li Gi, S.279)

Die Goldene Regel

Als man Konfuzius einmal fragte, ob es einen Grundsatz gäbe, nach dem man sein ganzes Leben richten könne, erwiderte er: „Die Nächstenliebe (Schu)! Was du nicht willst, daß man dir tu, das füg' auch keinem andern zu" (LY 15,23). Das ist die Goldene Regel! Und wie alle grundlegenden geistigen Prinzipien findet man auch sie in allen großen Religionen.

Das Rüdenbergsche Wörterbuch übersetzt Schu mit: sich in die Lage des anderen versetzen; gütig, milde, nachsichtig, verzeihen.

Das Schriftzeichen Schu (Nächstenliebe) besteht aus den beiden Schriftelementen „Herz" und „gleich". Man hat Schu gern mit „Gegenseitigkeit" übersetzt, aber das ist zu wenig, zu neutral, kommt darin doch nicht der Anteil des Herzens zum Ausdruck. Die Goldene Regel ohne die Kraft des Herzens kann als ein Geschäft mit dem Gutsein aufgefaßt werden: Ich muß gut sein, damit der andere gut zu mir ist.

Schu ist Sympathie, ist praktische, tätige Liebe, ist Gütigkeit. Schu ist das Gesetz, nach dem die Beziehung der Menschen untereinander geregelt werden sollte, nach dem es harmonisch und wohltuend geregelt werden kann.

Im Sinne von Konfuzius sollten allen menschlichen Beziehungen Zuneigung und Achtung zugrunde liegen.

Ein altes chinesisches Weisheitswort lautet: „Der Geist, der allen Dingen Leben verleiht, ist die Liebe."

Der in der esoterischen Psychologie allgemein geläufige Begriff„das Gesetz der Gegenseitigkeit" meint das unendliche Gewebe des Daseins, in dem eins mit dem anderen verbunden ist, und in dem man „abhängig" ist, solange man sich dieser Zusammengehörigkeit mit egoistischen Wünschen entgegenstellt, und in dem man „frei" wird, sobald man in freiwilligem Gehorsam dem dient, was zum allgemeinen Wohl ist.

Im heutigen Chinesisch bedeutet Schu meistens Vergebung, — auch dies eine Sache des Herzens! Wie in allen großen esoterischen Schulen steht die Entwicklung der Herzkraft im Mittelpunkt. Das Miteinander von Herzchakra und Stirnchakra führt zur wahren Weisheit, die nicht eine Sache der menschlichen, sondern der himmlischen Vernunft ist, und in weiser Nächstenliebe zum Ausdruck kommt.

„Nur wenn man das Endziel der Vollendung (das höchste Gut) erkennt, in der man weilen soll, kann man einen bestimmten Lebenszweck haben. Nur durch einen bestimmten Lebenszweck kann man die Ruhe des Herzens erreichen. Nur durch Ruhe des Herzens kann man Seelenfrieden erlangen", so heißt es im Li Gi (S. 98). Und dies wird erreicht, indem man „das Herz ins Lot setzt". „Die Pflege des Eigenlebens ist davon abhängig, daß das

Herz ins Lot gesetzt wird" (dt. S.101), — die harmonische Entwicklung von Herz- und Stirnchakra.

„Menschlichkeit bedeutet Menschentum. Die Liebe zu den Nächsten ist das Größte daran", sagt Konfuzius (Li Gi, S.34). Und dann: „. . . darum darf der Edle es nicht unterlassen, seine Person zu bilden . . ." Wahre Bildung ist also Herzensbildung, Ausbildung der Menschlichkeit und der Nächstenliebe. Und dies legt Konfuzius vor allem den Herrschern ans Herz, denn, wie Plato, so wollte auch er, daß das Land von wahren Menschen, von edlen Menschen regiert werde. Wie einst in der archaischen Zeit sollten die Herrscher ihre Persönlichkeit veredeln, um dem Lande würdig vorstehen zu können.

Konfuzius sagte: „Die Alten hielten bei der Ausübung der Regierung die Liebe zu den Menschen für das wichtigste. Wer die Menschen nicht lieben kann, ist nicht im Besitz seiner Persönlichkeit . . ." (Li Gi, S.232).

Schu, die Goldene Regel, Nächstenliebe, ist die Summe der Lehre des Konfuzius. Eines Tages sagte der Meister: „Nicht wahr, Schen (Meister Dsong), meine ganze Lehre ist in Einem befaßt!"

Meister Dsong, einer der bedeutendsten Schüler des Konfuzius und Fortsetzer seiner Lehre, der schon in den „Gesprächen" (Lun Yü) als Meister bezeichnet wird, antwortete mit einem: „Ja!"

Als der Meister gegangen war, fragten die Schüler: „Was bedeutet das?"

Und Meister Dsong erwiderte: „Unseres Meisters Lehre ist Treue gegen sich selbst (Dschung) und Gütigkeit (Schu) gegen andere; darin ist alles befaßt" (LY 4,15).

Dschung, Treue gegen sich selbst, kann auch mit „Selbstvollendung" übersetzt werden. Es bedeutet: In der eigenen Wesensmitte sein, im Einklang mit der Reinheit

30

und Einheit der Wesensnatur. Man kann Dschung auch als die Tugend des Maßhaltens, der Mitte, des Gleichmutes, des Gleichgewichtes bezeichnen.

Die Ehrfurcht vor dem Himmel und die Achtung vor dem Mitmenschen, darin ist alles enthalten. Als Christ sagt man: Gottesliebe und Nächstenliebe!

Es ging Konfuzius darum, „die Menschenliebe zur Blüte zu bringen." (v. Delius)

Güte und vollendete Menschlichkeit (Jen)

Im abendländischen Schrifttum hat man den so typischen konfuzianischen Begriff „Jen" vorwiegend mit „Sittlichkeit" übersetzt; so wurde Konfuzius zum „Sittenlehrer" gestempelt, nicht selten mit dem Akzent der hausbackenen Vernünftigkeit. Diese unzureichende Übersetzung hat wesentlich zum Mißverstehen und Unterschätzen der Persönlichkeit und Lehre des Konfuzius beigetragen. In Rüdenbergs Wörterbuch wird Jen übersetzt mit: Menschenliebe, Menschenwürde, Wohltätigkeit, Güte, Gefühl.

In seiner Konfuzius-Monographie schreibt Pierre Do-Dinh: „Um zu vermeiden, daß es (Jen) den christlichen Sinn bekommt, übersetzt man es entweder mit unbestimmten Ausdrücken oder durch Ausdrücke, die seinen Sinn begrenzen, seine Bedeutung einengen" (S. 88). Versteht man denn Jesus Christus besser, indem man Konfuzius und manchen anderen der „Großen im Geiste" erniedrigt? Man verfehlt sie beide!

Auch heute noch gibt es nicht wenige, die meinen, gewisse Züge wie Güte und Nächstenliebe könnten in ihrer reinen Form ausschließlich im Christentum vorhanden sein. Inzwischen aber nimmt die Zahl derer zu, die dankbar und beglückt das Walten der allumfassenden und alldurchdringenden Gottesliebe auch in anderen großen Meistern und Religionen erkennen. So ist es an der Zeit, die alten Übersetzungen und Kommentare von engherzigen Einschränkungen und Verfälschungen zu befreien.

Jen bedeutet echtes, würdiges Menschentum. Jen ist der hohe, edle Begriff echter, vollendeter Menschlichkeit, die als Same und Möglichkeit in jedem Menschen angelegt ist. Jen ist also auch weit mehr als Wohltätigkeit, weit mehr als Wohlwollen.

Der natürliche Ausdruck wahren Menschentums besteht in Sittlichkeit, Menschlichkeit äußert sich in Sittlichkeit. Aber im allgemeinen versteht man bei uns in der westlichen Welt diesen Ausdruck keineswegs in dieser Tiefe, in diesem umfassenden Bezug zum Himmel und zur Erde, versteht ihn nicht als Vollendung des Dreiklanges: Himmel, Erde, Mensch.

„Jeder Mensch hat ein Herz, das anderer Leiden nicht mit ansehen kann", sagt Meng-tse und: „Alle Bildung dient nur dazu, unser verlorengegangenes Herz zu suchen" (bei v. Delius S. 62). Meint man nicht Goethe zu hören: „Unser ganzes Tun auf dieser Welt hat nur den Sinn, das Auge des Herzens zu klären, auf daß es fähig werde, Gott zu sehen."

Von Meng-tse (Mencius, 372-289 v. Chr.) heißt es, er sei der einzige gewesen, der die Lehre des Konfuzius nach dessen Tod tatsächlich weiterführen konnte. Er war der zweite nach Konfuzius in den Konfuzianischen Tempeln; man bezeichnete ihn auch als den „Johannes" des Konfuzius. Die „Sieben Bücher des Meng-tse" gehören zum kanonischen Schrifttum des Konfuzianismus.

Im Sinne von Meng-tse ist Jen der Inbegriff jenes Zustandes, in dem der Mensch wirklich er selbst ist, der Zustand wahrer Selbstvollendung. Das wahre Wesen des Menschen, so sagt er, ist das Gutsein. „Bis zur jüngsten Vergangenheit wurde das Buch Meng-tse als erster Klassiker in der Schule studiert", so berichtet Werner Speiser. Und es ist auf einen seiner Kardinalsätze zurückzuführen, wenn der erste Fibelvers, den die chinesische Jugend jahrhundertelang gelernt hat, lautet:

> *„Der Mensch im Anbeginn,*
> *Gut ist im Grunde sein Sinn!"*

Ein chinesisches Sprichwort lautet: „Es gibt keinen größeren Schmerz als den um ein totes Herz."

Jen ist die zwischenmenschliche Menschlichkeit und läßt sich wohl am besten mit Menschenliebe und Güte wiedergeben. Sowohl Konfuzius als auch Meng-tse haben echtes Menschentum – Jen – als Menschenliebe bezeichnet, – und eben das ist „vollendete Tugend" (Couvreur bei Do-Dihn. S. 88)

Setzt man nunmehr in korrigierender Übersetzung bei all den Stellen, an denen Jen mit „Sittlichkeit" wiedergegeben ist, das Wort „Güte" ein, und zudem für Schu das Wort „Nächstenliebe", so entsteht ein ganz neues Bild des Meisters.

Güte entspricht dem Mitleid des Buddha, dem Erbarmen und der Barmherzigkeit des Mohammed, der Liebe Krishnas und Jesu Christi. Bei Lao-tse heißt es:

> *„Wohl!*
> *Wer mit Barmherzigkeit kämpft, der siegt;*
> *Wer mit ihr sich schützt, der ist sicher.*
> *Wen der Himmel retten will,*
> *Mit Barmherzigkeit schützt er ihn."* (Kap. 67)

Friedrich Heiler betont: Wie Buddha und Jesus fordert Lao-tse die heroische Feindesliebe. Im 63. Kapitel heißt es: „Vergilt Groll mit Güte", eine andere Übersetzung: „Feindseligkeit ist mit Wohlwollen zu vergelten".

Alle „Großen im Geiste", alle Meister des Lichts, haben sich aus unendlichem Mitleid entschlossen, das irdische Dasein freiwillig auf sich zu nehmen, um den leidenden, ringenden, suchenden Menschen den Pfad zur Erlösung zu zeigen.

Meng-tse sprach: „Barmherzigkeit wohnt im Herzen des Menschen, und Rechtlichkeit ist der Weg des Menschen. Habe Mitleid mit dem Menschen, der seinen Weg verloren hat und ihm nicht folgt, und sein Herz verloren hat und es nicht wiederzufinden versteht. Wenn Menschen ihre Hunde oder ihre Hühner verloren haben, gehen sie hinaus und suchen sie, aber Menschen, die ihre Herzen (ihre ursprüngliche Natur) verloren haben, gehen sie nicht suchen. Die Selbstbildung ist nichts weiter als das Bestreben, sein verlorenes Herz wiederzufinden." (L, S. 188)

Konfuzius sagt: „Der Gütige ist gefestigt und festigt andere. Er ist klar und macht andere klar" (LY 6,28) – eben das ist es, was der Meister für seine Schüler tut.

> *„Ist denn die Güte so fern?*
> *Sobald ich die Güte wünsche,*
> *so ist diese Güte auch da." (LY 7,29)*
> *„Wenn der Wille auf die Güte (das Gute)*
> *gerichtet ist, so gibt es kein Böses." (LY 4,4)*

„Wahre Menschenliebe (Jen) hat, wer imstande ist, in der Welt fünf Dinge zu betätigen: Ehrerbietung, Weitherzigkeit, Aufrichtigkeit, Fleiß (Eifer), Güte. Ist man ehrerbietig, so wird man nicht mißachtet; ist man weitherzig, so gewinnt man die Menge; ist man aufrichtig, so genießt man des Vertrauen der Menschen; ist man fleißig, so hat man Erfolg; ist man gütig, so ist man fähig, die Menschen zu leiten." (LY 17,6)

Hierher gehört auch ein viel kommentiertes Wort des Konfuzius, das immer wieder zitiert wird, um die Konfuzianische Ethik gegenüber der Christlichen herabzusetzen:

> *„Es sprach jemand: 'Mit Güte Unrecht (Böswilligkeit) zu vergelten, wie ist das?' Der Meister sprach: 'Womit soll man dann Güte vergelten? Durch Geradheit (Dschi) vergelte man Unrecht, durch Güte vergelte man Güte'".* (LY 14,36)

Tugend, Wesen, Güte – ein bemerkenswerter Sinndreiklang, nach dem das wahre Wesen in Güte und Tugend besteht! Statt „Geradheit" (Dschi) findet man in manchen Übersetzungen die Worte Gerechtigkeit oder Strenge. Richard Wilhelm schreibt im Kommentar zu dem vorliegenden Text (LY 14,36), daß das Wort Geradheit (Dschi) in der alten Schrift genauso geschrieben wird wie Güte, nur ohne Herz. Ist es also „herzlos", wenn man Unrecht mit Geradheit vergilt? Ist die christliche Güte also doch der Konfuzianischen überlegen?

In der „Vergeltungssentenz" des Konfuzius zeigt sich der Praktiker, der Realist, der Menschenerzieher: Es gibt Fälle, in denen offensichtliche Güte am Platz, und andere, in denen offensichtliche Strenge notwendig. Unter Umständen kann Güte denjenigen, der Unrecht getan hat, beschämen, und er wird sich bessern. Es kann aber auch sein, daß unweise Güte denjenigen, der Unrecht getan hat, ermutigt, nur desto schrankenloser im Unrecht fortzufahren – wodurch der Gütige mitschuldig wird, hat er doch zum Unrecht geradezu ermutigt.

So kann Strenge, die zugleich Geradheit ist, durchaus die größere, die weise Güte sein und den Unrechten ins Lot bringen.

Durch Gerechtigkeit, gepaart mit Wohlwollen erzieht man sowohl den Einzelnen als auch die unmündige Menge, die noch nicht aus freien Stücken und um des Guten willen das Gute tut.

Läßt sich das mit der christlichen Lehre vereinbaren?

Wohl sagt Jesus: „Siehst du darum scheel, weil ich so gütig bin!" (Matth. 20,15), aber bei anderer Gelegenheit hat er aus Stricken eine Geißel gemacht, um die Händler und Wechsler aus dem Vorhof des Tempels zu vertreiben, und hat ihre Tische umgestürzt (Matth. 21,12 und Joh. 2,14–16). Gleich darauf aber heißt es: „Und es gingen zu ihm Blinde und Lahme im Tempel, und er heilte sie" (Matth. 21,14). In beiden Fällen handelte er aus der Vollmacht des Meisters, der weiß, wann Strenge und wann Güte heilsam ist – wer kann es wagen, mit seinen eigenen kleinmenschlichen Vorstellungen darüber zu urteilen!

Ein Wort des Lao-tse: Zu den Guten bin ich gut, und zu den Nichtguten bin ich auch gut, denn das Leben ist Güte.

Güte ist das Summum bonum der Mitmenschlichkeit, – in welcher Form – sei es im Gewand der Strenge oder der Milde oder wie auch immer, sie zum Ausdruck kommen mag.

Strenge oder Milde – dazwischen liegt eine Skala der Möglichkeiten. Aber wie man auch reagieren mag, entscheidend ist stets, nicht aus emotionalem Ärger oder Zorn und nicht aus Selbstsucht zu handeln.

Mit anderen Worten: Güte ist nicht Dummheit, aber Güte ohne Einsicht ist Torheit. „Die Allzuguten sind Räuber der Tugend" sagt Konfuzius. Entsprechend sagte Hazrat Inayat Khan: „Eine Tugend zu weit getrieben, wird zur Sünde."

„Glatte Schwätzer und Heuchler" pflegte Konfuzius ebensowenig zu bestärken wie Christus die Pharisäer. Es wird erzählt: Eines Tages wollte ein solcher Schwätzer Konfuzius besuchen. Er befahl dem Diener, dem Besucher zu sagen, er sei nicht zu Hause. Und dann nahm der Meister sein Saitenspiel und sang, während der Besucher noch vor der Türe stand. (Lin S.75)

Nichts von glatter Höflichkeit, wie man sie Konfuzius gerne nachsagen möchte! Der große Menschenerzieher weiß, wann er welches Mittel einzusetzen hat.

Konfuzius sagte: „Der Gütige ist das Vorbild der Welt, der Gerechte ist die Regel für die Welt, der Dankbare ist der Gewinn für die Welt."

Konfuzius sagte: „Wenn man Liebe mit Liebe vergilt, so wirkt das anfeuernd auf die Menschen; wenn man Haß mit Haß vergilt, so lassen die Menschen sich das zur Warnung dienen ... Wer Haß mit Liebe vergilt, der schafft seiner eigenen Güte einen breiten Wirkungskreis. Wer Liebe mit Haß vergilt, der ist ein Mensch, der für den Galgen reif ist."

Jesus sagt in den „Superthesen" der Bergpredigt sogar: Wer zu seinem Bruder sagt „Du Narr!", der ist des höllischen Feuers schuldig (Matth. 5,22).

Konfuzius sagt: „Ohne Hoffnung auf Lohn das Gute lieben und ohne Furcht vor Strafe das Nichtgute hassen, das tut auf Erden nur eine Art von Menschen (– der Edle). Darum stellt der Edle seine Anforderungen, den rechten Weg zu gehen, an sich selbst und gibt dadurch ein Beispiel für die Menschen." (Li Gi, S.184)

Wer Güte und Gerechtigkeit miteinander vereint, so lehrt der Meister, geht den höchsten Weg, den Königspfad. Gerechtigkeit ohne Güte aber führt zur Gewaltherrschaft. (Li Gi, S.185)

Und noch einmal die Summe der Lehre des Konfuzius: „Treue gegen sich selbst (Dschung, Selbstvollendung) und Gütigkeit gegen andere (Schu), darin ist alles befaßt." (LY 4,15)

Auf der Stufenleiter der Gutheit

In allen Religionen, in allen esoterischen Schulen geht es um den Weg von der Unvollkommenheit zur Vollkommenheit. Es geht um die Entwicklung, bei der man von der seelischen Kindheit zum verantwortungsbewußten Menschen heranreift, indem das Ewige, das in jedem Menschen im Wesenskern vorhanden ist, entfaltet wird, – das ist der Pfad des „Guten Menschen", Ideal und Lehre auch in der chinesischen Kultur und allgemein als gültig und verbindlich anerkannte Weltanschauung.

Die Menschen unterscheiden sich aber in ihrer Veranlagung und Entwicklungsmöglichkeit mehr voneinander als Spatz und Adler, als im Mineralreich Kieselstein und Diamant. Daher kann man von einer Stufenleiter der Gutheit sprechen, denn Qualitäten, die man vom minder entwickelten Menschen noch keineswegs erwarten darf, wird man beim hochentwickelten Menschen voraussetzen können.

Der Wert einer Persönlichkeit – in sich selbst und im Rahmen des Gemeinwohles – liegt darin, wie weit sie sich müht, ihre höchste, ihrer Natur entsprechende Schicksalsaufgabe zu erfüllen.

Unterschiede zeigen sich auch darin, wie weit ein Mensch – sei es von geringer oder höherer Entfaltungsmöglichkeit – danach strebt, den Weg zur Höherentwicklung zu gehen oder aber den Versuchungen des niedrigen Denkens erliegt.

Durch Erziehung und Selbsterziehung im Sinne der klassischen Lehren fördert man die Entwicklung und kommt in Einklang mit dem Gesetz des Himmels und der Erde. Daher nennt Konfuzius das größte Verbrechen: „Empörung gegen Himmel und Erde", es wiegt schwerer als Mord (Li Gi S.274). Dem entspricht im christlichen Denken „die Sünde wider den Heiligen Geist".

Das Ideal des Guten Menschen gibt die Richtschnur für den Weg, der eines Tages zum „Königspfad" werden sollte.

Die Schriften des Konfuzius stellen eine Psychologie dar, in der allerfeinste Erfahrungen und Beobachtungen zum Ausdruck kommen, erleuchtet aus geistiger Sicht. Die Subtilität seiner Aussagen, verbunden mit der Lehre von der Gutheit mögen vor allem dazu geführt haben, daß man Konfuzius als den chinesischen Thomas von Aquin bezeichnet hat. Viele Sätze des Thomas von Aquin könnten auch von Konfuzius stammen: „Jegliches Wesen begehrt von Natur Einheit wie auch Gutheit". „Das Sein selbst hat den Charakter des Guten. 'Gut' und 'seiend' sind vertauschbare Begriffe."

Konfuzius geht es nicht um irgendeine Theorie, sondern um die Weisheit, mit der der geistige Lehrer seine Schüler belehrt und ihnen Impulse für ihre Entwicklung vermittelt. Und dazu gehört es, daß der Meister den Schüler stets fordert, aber nie überfordert, – dank der Stufenleiter der Entwicklung, auf der jeder um das Aufwärtssteigen bemüht ist.

Der Meister lehrt den richtigen Umgang mit den inneren und äußeren Kräften und Fähigkeiten des Menschen.

Spricht man seine niedrigen Instinkte an – es ist die Art, wie die Pseudolehrer ihre Schüler verführen – indem man sie zum egoistischen Genuß des Lebens verlockt, so stört und verdirbt man die Entwicklung. Spricht man die höheren Sinne der eigentlichen Menschwerdung an, die naturnotwendig eingeborene Anlage zur Sittlichkeit, so fördert man die Entwicklung zum „Guten Menschen".

Mit anderen Worten: Sittlichkeit führt zur Harmonie mit den Lebenskräften und damit zum eigenen und allgemeinen Wohl; Unsittlichkeit führt zur Selbstzerstörung.

Das hohe Ideal gibt Schutz, Kraft, Hilfe und bildet die unerläßliche Richtschnur.

Die sogenannten niedrigen Instinkte sind diejenigen, die sich dem Materiellen zuwenden. Sie sind wohl notwendig, um das Leben in der irdischen Welt zu ermöglichen, aber sie dürfen nicht zum Herrscher über Leben und Wesen des Menschen hochgespielt werden.

Die höheren geistigen Sinne sollten die niedrigen zu ihrem Werkzeug machen, damit der Mensch seine Aufgabe in und an der Welt erfüllen kann.

Es geht also um das sinnvolle Zusammenwirken dessen, was man auch als die irdischen und himmlischen Sinne bezeichnen kann. Dann wird der Dreiklang Himmel-Erde-Mensch harmonisch ertönen.

Konfuzius unterscheidet in einer seiner grundlegenden Betrachtungen fünf Stufen von Menschen: „Es gibt gewöhnliche Menschen, Staatsmänner, Edle, Weise und Heilige" (Li Gi S.225ff). Mit dieser Stufung ist aber keine soziale Schichtung gemeint, auch wenn jede Kasten- und Ständeordnung ihre Realität und Berechtigung in den unterschiedlichen Gaben und Aufgaben der Menschen hat. Es besteht ja stets die Gefahr, daß eine Kasten- und Ständeordnung zum starren System wird, das der tatsächlichen geistigen Rangordnung kaum mehr gerecht wird, und sich immer mehr an materiellen und weltlichen Gegebenheiten orientiert.

Wer den Willen auf das Gute, auf die Tugend, d. h. auf das Wesen, „die Seele", richtet, findet den Weg unabhängig von weltlichen Umständen. Konfuzius sagt: „Einem Heer von drei Armeen kann man seinen Führer nehmen; dem geringsten Mann aus dem Volke aber kann man nicht seinen Willen nehmen" (LY 9,25), – den Willen, der sich dem Guten oder dem anderen zuwenden kann.

In seinen Gesprächen mit dem Herzog Ai von Lu stellte der Meister die Lehre von den fünf Stufen der Menschen dar, an denen man den Pfad der Ordung, der Harmonie mit Himmel und Erde erkennen kann. (Li Gi S.225-227)

Auf die Frage, wie einer beschaffen sein muß, um ihn einen gewöhnlichen Menschen zu nennen, antwortete Konfuzius:

„Was man als einen gewöhnlichen Menschen bezeichnet, dem kommen aus seinem Munde keine tüchtigen Worte hervor, und sein Sinn ist nicht beständig. Er kann nicht weise Menschen und tüchtige Staatsmänner auswählen, um sich ihnen anzuvertrauen, und das zu seiner Sorge machen. In seinem Tun und Handeln weiß er nicht, wonach er streben soll; in seinem Verharren und Bleiben weiß er nicht, wo er beharren soll. Täglich wählt er unter den Dingen, aber weiß nicht, welche wert zu halten sind. Er wird von den Dingen dahingetrieben und weiß nicht, wo er hinkommt. Die richtigen Eindrücke seiner fünf Sinne verdirbt hinterher seine Meinung. Wer so ist, den mag man einen gewöhnlichen Menschen nennen."

Auf die Frage, wie einer beschaffen sein muß, damit man ihn einen Staatsmann nennen kann, antwortet Konfuzius:

„Was man einen Staatsmann nennt, der mag vielleicht nicht alle Methoden der Wahrheit erschöpfen, aber er hat jedenfalls etwas, nach dem er sich richtet. Er mag nicht das Gute und Schöne in seiner höchsten Vollendung beherrschen, aber er hat jedenfalls etwas, bei dem er bleibt. Darum ist er in seinem Wissen nicht auf die Menge aus, sondern darauf, daß er versteht, was er weiß. Er ist bei seinen Handlungen nicht auf die Menge aus, sondern darauf, daß er versteht, warum er etwas tut. Er ist bei seinen Worten nicht auf die Menge aus, sondern darauf, daß er versteht, was er meint. Was er weiß, das weiß er; was er tut, danach richtet er sich; was er sagt, das befolgt er. Es wird ihm wie die Natur, wie Haut und Fleisch, das sich nicht mehr ändert. Reichtum und Ehre können ihm nichts geben, Armut und Niedrigkeit können ihm nichts nehmen. Einen solchen mag man einen Staatsmann nennen."

Auf die Frage, wie einer beschaffen sein muß, daß man ihn einen Edlen nennen kann, lautet die Antwort des Meisters:

„Was man einen Edlen nennt, der steht persönlich für Treu und Glauben ein, und sein Herz ist nicht käuflich. Liebe und Pflicht betrachtet er als seine eigene Sache und schädigt nicht die Unwissenden. In seiner Erfahrung und seinem Wissen ist er weit und umfassend, aber zeigt es nicht in seinem Benehmen. In seinem Denken und Sinnen ist er erleuchtet und durchdringend, aber er streitet nicht mit Worten; der Edle ist unauffällig, als könnte man ihn erreichen, und doch unerreichbar. Einen solchen mag man einen Edlen nennen."

Und wen kann man einen Weisen nennen? Der Meister antwortet:

„Was man einen Weisen nennt, der stimmt in seinen Neigungen und Abneigungen mit den Gefühlen des Volkes überein. In seinem Suchen und Lassen stimmt er mit des Volkes allgemeiner Stimmung überein. Sein Handeln trifft Schnur und Richtmaß und verletzt nicht das Wesentliche. Seine Worte sind ausreichend, um auf der ganzen Welt befolgt zu werden, und schaden nicht seinem Leben. Wenn er persönlich in niedriger Stellung ist, so bleibt er zufrieden. Wenn er Macht und Reichtum eines Fürsten besitzt, so sammelt er keine Güter. Einen solchen mag man einen Weisen nennen."

Und als letztes die Frage: Wie muß einer sein, daß man ihn einen Heiligen nennen kann? Die Antwort lautet:

„Was man einen Heiligen nennt, dessen Wissen durchdringt die große Wahrheit. Er weiß in jedem Fall die rechte Auskunft, ohne je in Verlegenheit zu kommen. Er vermag Natur und Wesen aller Dinge zu ermessen. Die große Wahrheit bewirkt, daß aus Wandel und Werden etwas Festes sich gestaltet. Aller Dinge Natur und Wesen bewirken die Ordnung dessen, was zu billigen und nicht zu billigen, zu erstreben oder zu vermeiden ist. Darum sind seine Werke groß wie die von Himmel und Erde, eins mit Sonne und Mond und mischen sich mit Wolken und Regenbogen. Er beherrscht alle Dinge in Ernst und Echtheit, so daß niemand sich ihm entziehen kann, wie des Himmels Wirken, das niemand für sich in seine Dienste stellen kann. Und alles Volk nimmt das als selbstverständlich und kennt nicht seine Güte. Einen solchen mag man einen Heiligen nennen."

„Wie groß ist doch der Weg des Heiligen! Strömend erzeugt und nährt er alle Wesen und ragt empor zum Himmel." (Li Gi, S. 40)

Es setzt vielleicht in Erstaunen, daß bei dieser Stufung von fünf Menschenarten der Staatsmann, also ein Politiker, dabei ist. Im Li Gi sagt Konfuzius einmal: „Für das Leben des Menschen ist die Politik von großer Bedeutung." Das Wort Politik hat bei Konfuzius aber einen anderen Sinn als bei uns Heutigen, nämlich sowohl einen weltlichen als auch einen metaphysischen, religiösen. Der Staatsmann hat die Aufgabe – im Sinne einer Berufung – zur Sicherung der Ordnung der Gesellschaft und des Universums beizutragen. Darum sollte ihm das Ideal der Heiligen Könige des Altertums vor Augen stehen, von denen es heißt, daß sie dank ihrer inneren Vollendung Macht, magische Macht über Menschen und Dinge hatten. Das heißt, ihre Tugend – Güte, Treue, Standhaftigkeit – war nicht etwas mehr oder minder Angelerntes, sondern eine konkrete, wirkende Kraft, so daß sie durch ihr Wesen und Beispiel wirkten. Ihr Handeln, so heißt es, „gleicht dem von Himmel und Erde". Und warum sollte der Staatsmann nicht ein Edler, ein Weiser, ein Heiliger sein? Zumindest sei dies sein Ziel.

Konfuzius lehrte, der Mensch sei des Menschen Maß. Aber was verstand er unter einem „Menschen"! Der wahre Mensch pflegt das Li, sein Leben und Wirken ist auf das Li gegründet, d. h. auf den Himmel. Diesen Menschen wahrer Menschlichkeit hat man als „humanistische Entsprechung" des römisch-katholischen Heiligen bezeichnet. Seine große Waffe, sein Machtmittel ist das Li – das entspricht den „Waffen des Lichtes" in der christlichen Geisteswelt.

Der wahre Mensch wird als das „Herz des Weltalls"
bezeichnet; das entspricht wiederum dem Begriff der
„Krone der Schöpfung" in der christlichen Glaubenswelt.

Jede Stufe, vom gewöhnlichen Menschen bis zum
Heiligen, empfängt ihre Aufgabe und ihre Kraft vom
„Himmel". So ist die Stufenlehre metaphysisch zu verste-
hen, ist Religion.

Vom Edlen sagt der Meister: „Wenn der Edle sich be-
wegt, bestimmt er den Weg des Menschen; wenn er handelt, gibt er die Regel für die kommenden Geschlechter;
wenn er spricht, zeigt er das Vorbild für alle. Die fern
sind, hoffen auf ihn; die nahe sind, lassen nicht von ihm"
(im Dschung-Yung).

Und vom „vollkommenen Menschen": „Die Tugend
(Heng) des vollkommenen Menschen ist, daß er die
Gründe des Herzens kennt (die Natur des Menschen und
seiner Gefühle) und auch das Geheimnis der Wandlung
aller Dinge, die Ursachen des Geheimnisvollen und Ge-
heiligten, daß er beide durchdringt bis zum letzten ver-
hüllten Urgrund (dessen, was Leben und Tod durchzieht,
des geistigen Urgrundes). Dann erst ist er ein vollkommener Mensch. So kennt er den Weg des Himmels und übt im
Leben das Jen (die Tugend vollendeter Menschlichkeit)
aus und das I (die Pflicht der Gerechtigkeit in den menschlichen Beziehungen). Riten und Musik sind seine Zierde.
Menschlichkeit, Gerechtigkeit, Riten und Musik – in ihnen zeigt sich die Tugend (Heng) des vollkommenen
Menschen. Kenntnis des geistigen Urgrundes der Wandlungen – darin zeigt sich seine reiche Macht (Dö)." (Bei
Pierre Do-Dinh S. 85)

Tschuang-tse sagt vom Weg des Heiligen: „Nur wer
das Tao ergriffen hat, kann die naturgewollte Ordnung
ganz erfüllen. Nur wer die Fülle des naturgewollten Wir-

kens hat, kann auch des Lebens Fülle haben. Nur wer des Lebens Fülle hat, kann auch des Geistes Fülle haben. Des Geistes Fülle, das ist der Weg des wahren Heiligen." (S. 43)

Und nun noch zwei Beispiele aus dem Tao-Te-King, das man als die heiligste Quelle der chinesischen Mystik bezeichnet hat, und in dem Lao-tse immer wieder vom Heiligen Menschen spricht. Da heißt es im 7. Kapitel:

> *„Deshalb der Heilige Mensch:*
> *Er setzt zurück sein Selbst –*
> *Und es wird vorne sein;*
> *Er treibt hinaus sein Selbst –*
> *Und sein Selbst tritt ein.*
> *Ist das nicht, weil er ohne Eigennutz?*
> *Darum vermag er, sein Eigen zu vollenden."*

> *Und im 22. Kapitel:*
> *„Deshalb der Heilige Mensch:*
> *Wenn er das Eine umfaßt,*
> *Wird er zum Richtmaß dem Reich.*
> *Weil er sich selbst nicht sieht,*
> *Darum ist er erleuchtet;*
> *Weil er sich selbst nicht recht gibt,*
> *Darum ist er anerkannt;*
> *Weil er sich selbst nicht aufspielt,*
> *Darum hat er Verdienst;*
> *Weil er sich selbst nicht rühmt,*
> *Darum wird er erhöht.*
> *Wohl! Eben weil er nicht streitet,*
> *Darum vermag niemand im Reich*
> *Mit ihm zu streiten.*
> *Wenn die Alten sagten:*
> *„Was krumm ist, wird heil gemacht",*

So sind das keine leeren Worte gewesen!
Zum wahrhaft Heilen kehrt man sich hin."

Während Lao-tse vor allem das Mysterium vom Heiligen Menschen darstellt und umschreibt, führt Konfuzius in immer neuen, subtilen Beschreibungen die verschiedenen Stufen des Menschseins und Menschwerdens vor Augen. Hier noch ein Beispiel: die „Vier Klassen von Wissen":

„Bei der Geburt schon Wissen zu haben, das ist die höchste Stufe. Durch Lernen Wissen zu erwerben, das ist die nächste Stufe. Schwierigkeiten haben und doch zu lernen, das ist die übernächste Stufe. Schwierigkeiten haben und nicht lernen: das ist die unterste Stufe des gewöhnlichen Volkes." (LY 16,9)

Richard Wilhelm kommentiert, hoffnungslos sei nur die Menschenklasse, die Dummheit mit Faulheit vereinigt; und, so möchte man hinzufügen, wo der gute Wille fehlt.

Auch hier geht es, das ist zu betonen, keineswegs um eine soziale Rangstufung oder Klassengesellschaft, sondern um Entwicklungsstufen sowie Qualitäten der Veranlagung, Bemühung und Bewährung.

Auch Jesu Lehre entspricht der Stufenordnung der Entwicklung, was zu endlosen Mißverständnissen führte und führt, weil man nicht sieht, daß viele Aussagen Jesu nur an die Jünger gerichtet sind, andere an die Allgemeinheit. „Eines schickt sich nicht für alle . . ." In den frühen Christengemeinden wußte man noch darum und gab es z. B. auch eine Stufenfolge der Einweihung.

In Hermann Hesses Gedicht „Stufen" aus dem „Glasperlenspiel" heißt es:

„Wie jede Blüte welkt und jede Jugend
Dem Alter weicht, blüht jede Lebensstufe,

Blüht jede Weisheit auch und jede Tugend
Zu ihrer Zeit und darf nicht ewig dauern . . .
Es wird vielleicht auch noch die Todesstunde
Uns neuen Räumen jung entgegensenden,
Des Lebens Ruf an uns wird niemals enden . . ."

Aus dem Wissen um die Stufenordnung ergibt sich die verstehende oder doch duldsame Toleranz gegenüber denjenigen, die auf einer anderen Stufe stehen. Ja, es ergibt sich daraus die Achtung für jeden Menschen. Der Edle, so heißt es, wird nie einen Menschen durch Herausstellung seiner Fehler beschämen. (Li Gi S. 128)

Möge jeder seine Person im Maße des ihm Möglichen, ihm Gegebenen bilden! Dazu gibt es drei immer gangbare Wege auf Erden, drei stets wirksame Geisteskräfte, denen man sich verschreiben sollte: Weisheit, Menschlichkeit, Mut.

Darüber schreibt Konfuzius, daß zur Ausübung dieser drei Geisteskräfte nur eines nottut, nämlich die Entschlossenheit, ans Ziel zu kommen. „Ob einer von Geburt dies erkennt oder durch Mühsal es erkennt: wenn er es erkennt, ist alles Eines. Ob einer in ruhiger Sicherheit danach handelt oder, weil er es für Gewinn erachtet, danach handelt oder, mit Anstrengung danach handelt: wenn er das Werk vollendet, ist alles Eines."

Das entspricht dem zunächst so schwer zu verstehenden Gleichnis Jesu von den Arbeitern im Weinberg (Matth. 20,1-16), nach dem die letzten, die zur Arbeit kamen, denselben Lohn empfingen als jene, die schon lange dabei waren. Der eine macht größere, der andere kleinere Umwege, bis daß er „das Ziel", den Weinberg erreicht. Ist man aber einmal da und angekommen, so stehen alle in demselben Einen Licht, so „ist alles Eines". Es ist wie bei einer Reise: Wie groß auch die Umwege sein mögen, ist man einmal am Ziel, so ist man eben am Ziel.

„Weisheit, Menschlichkeit, Mut", dazu heißt es nun weiter „Liebe zum Lernen führt hin zur Weisheit, kräftiges Handeln führt hin zur Menschlichkeit, sich schämen führt hin zum Mut. Wer diese drei Dinge weiß, der weiß, wodurch er seine Person zu bilden hat. Wer weiß, wodurch er seine Person zu bilden hat, der weiß, wodurch er die Menschen ordnen kann, der weiß, wodurch er die Welt, den Staat, das Haus ordnen kann." (Li Gi S. 35)

Wer an dem Platz, an dem er steht, das ist, was er ist, hat seine Aufgabe erfüllt und wird den nächsten Schritt auf der Stufenleiter zum wahren Menschentum ersteigen können.

Konfuzius sagt: „Der Fürst sei Fürst, der Untertan sei Untertan, der Sohn sei Sohn, der Vater sei Vater . . ." (LY 12,11)

Die Lehre des Meisters könnte man mit dem berühmten Goethewort zusammenfassen:

> *„Edel sei der Mensch,*
> *hilfreich und gut."*

Der Edle – Hohe Schule der Gesinnung

Der wahre, der edle Mensch und die Herrschaft der Besten, das sind uralte, klassische, unaufgebbare Ideale der Menschheit. Und wie Konfuzius sie vertritt, gibt er seiner Lehre den Stempel zeitloser Gültigkeit.

Durch die Gesinnung wird man zu einem Edlen; es geht also nicht um Geburtsadel, sondern um Geistesadel.

Meng-tse sagt: „Es gibt einen Adel, der Himmelswerk ist, und einen, der Menschenwerk ist. Menschen, welche gütig, rechtschaffen und getreu sind und die Tugend ohne Fehl lieben, gehören zum Himmelsadel (oder: zum Adel Gottes) . . ." (L, S. 189)

Sowohl im Geistigen als auch im Praktischen wird sich früher oder später zeigen, ob jemand nur eine angemaßte Vorrangstellung innehat oder tatsächlich ein Edler ist.

Konfuzius sagt: „Ein Edler, das ist der vollendete Name für einen Menschen" (Li Gi, S. 232), und in zahllosen Beispielen, in denen er den edlen und den unedlen Menschen einander gegenüberstellt, erhellt er das Bewußtsein derer, die entschlossen sind, auf das Ziel zuzusteuern.

Djün-Dse (Gün-Dsi) ist der Begriff, der für den edlen, Hsiau Jen der Begriff, der für den unedlen Menschen steht.

Djün heißt Herr, Dse heißt Wesen, Sache, Sohn. Djün-Dse wird übertragen mit: der höhere, vornehme, hochstehende Mensch, der Edle, der Weise, der fürstliche Mensch, der Edelmann. Mit einem Begriff der westlichen Welt: der Gentleman. Seine Moral ist aristokratisch, d. h., er verhält sich, wie es dem Wesen und der Berufung einer führenden Persönlichkeit entspricht. Der Edle wird dem Priester verglichen, der mit seinem Wesen und Werk den Gottesdienst vollzieht, – und das macht wieder deutlich, daß es sich hier nicht um eine Gesellschaftsschicht handelt, denn diesen „Gottesdienst" kann man in jedem Beruf und bei jeder Arbeit ausüben, wenn man bemüht ist, zum Wohl der Menschen zu wirken.

Hsiau Jen wird übersetzt mit der niedere, der gewöhnliche, der geringe Mensch, der Gemeine oder der Niedrigdenkende, der Unedle, auch mit der kleine Mann, – der Mensch ohne Kultur.

Das Leben eines Menschen ohne Kultur steht im Gegensatz zur universalen Ordnung. Was aber ist Kultur? In einer Übersetzung der ersten Worte des Dschung Yung (eine andere Übersetzung im Kapitel „Das Ziel des Edlen ist das Tao") heißt es:

„Was von Gott gegeben ist, das nennen wir die menschliche Natur. Das Gesetz unserer menschlichen Natur erfüllen, nennen wir Sittengesetz. Die Pflege des Sittengesetzes nennen wir Kultur." (L, S. 76)

Hsiau Jen, das ist der Mensch, der sich den Wünschen der materiellen Sinne unterwirft, der Sklave seiner Begierden; ihm geht Eigennutz vor Gemeinnutz. Hsiau Jen, das ist die Welt des niederen Ego, die zu überwinden ist, damit der Wahre Mensch sich entfalten kann.

Die erste Geburt des Menschen ereignet sich auf der Erde und bringt die Aufgabe mit sich, zur zweiten Geburt zu finden, zur Geburt im „Himmel". Die Entfaltung des Edlen ist der Weg zur Wiedergeburt, zur Geburt aus dem Geiste.

Konfuzius sagte einmal: „Der Edle ist kein Gerät!" (LY 2,12). Das heißt, er läßt sich nicht von Umständen und Stimmungen treiben und gebrauchen, sondern lebt und wirkt in bewußter Mitverantwortung, als dienender Mitarbeiter des Himmels. Mit anderen Worten: er ist kein Blatt im Wind.

„Der Edle": das hohe Vorbild, von dem wirkende, verwandelnde Kraft ausgeht und den Strebenden – stets das heilige Ziel vor Augen – aufwärts führt! Das Streben bereitet den Pfad.

Denn: „Das Ziel des Edlen ist das Tao, nicht das irdische Auskommen", nicht das „Weltessen", nicht die materielle Versorgung. Das irdische Auskommen fällt dem Menschen zu, soweit es für ihn notwendig und wünschenswert ist, wenn er sein Sinnen und Trachten dem höchsten Ziel zuwendet.

Auch das ist eine uralte esoterische Lehre, ein geistiges Gesetz. Für den Christen kommt es in den Worten Jesu zum Ausdruck: „Trachtet am ersten nach dem Reich Gottes und seiner Gerechtigkeit, so wird euch alles andere zufallen" (Matth. 6,33). Diese Gerechtigkeit Gottes ist mit menschlicher Vernunft nicht zu ermessen. Sie ist Sein unendlich geheimnisvolles metakosmisches Gesetz und Wirken, das Mysterium des Seins und des Werdens.

Das Göttliche Gesetz, die Ordnung des Himmels, Gottes Gerechtigkeit und Sein Erbarmen sollen auf Erden verwirklicht werden. Der Christ betet: „Dein Reich komme...". Der Konfuzianer sagt: „Das Ziel ist das Tao...".

Und vom menschheitlich gültigen Ideal des vollkommenen Menschen spricht Jesus mit den Worten: „Seid vollkommen, wie euer Vater im Himmel vollkommen ist." (Matth. 5,48)

So lassen sich für alle wesentlichen Lehren des Konfuzius unschwer Parallelen im esoterischen Christentum finden, dasselbe gilt für das Werk des Lao-tse, den Tao-Te-King.

Worte des Konfuzius vom Pfad des Edlen:

> *Der Edle ehrt das Wesen, „aus dem die Geisteskraft (ausstrahlt), und schreitet vor auf dem Weg des Fragens und Forschens. Er mißt alle Weite und Größe und durchdringt alles Geistige und Geheimnisvolle. Er verfolgt alle Höhen und Klarheiten und schreitet auf dem Weg von Maß und Mitte. Er übt das Alte und erkennt das Neue. Er ist ehrlich und fest und hält die Sitte hoch." (Li Gi S. 40)*

„Die Pflicht als Grundlage,
Anmut im Handeln,
Bescheidenheit in den Äußerungen,
Treue in der Durchführung:
Wahrlich, so ist ein Edler." (LY 15,17)

„Der Edle schätzt wohl den Mut am höchsten?"
Der Meister sprach: „Der Edle setzt die Pflicht
obenan. Wenn ein Vornehmer Mut besitzt ohne
Pflichtgefühl, so wird er aufrührerisch. Wenn ein
Niedrigdenkender Mut besitzt ohne Pflichtgefühl,
wird er ein Räuber." (LY 17,23)

„Der Edle denkt an die Pflicht;
der Niedrigdenkende an den Gewinn." (LY 4,16)

„Der höhere Mensch weiß, was richtig ist;
der niedere weiß, was sich lohnt." (L, S.130)

„Der höhere Mensch liebt seine Seele,
der niedere Mensch liebt seinen Besitz."
(L, S. 130)

„Der Edle ist erfahren in hohen Dingen,
der Unedle ist erfahren in niedrigen Dingen."
(LY 14,24)

„Der Edle ist ruhig und gelassen,
der Unedle ist stets voller Angst und Sorge."
(LY 7,36)

„Der Edle bleibt fest in der Not;
wenn der gewöhnliche Mensch in Not kommt,
so wird er trotzig." (LY 15,1)

„Der Edle ist selbstbewußt,
aber nicht streitsüchtig;
er ist umgänglich,
aber macht sich nicht gemein." (LY 15,21)

„Der Edle ist friedfertig,
aber macht sich nicht gemein;
der Unedle macht sich gemein,
aber ist nicht friedfertig." (LY 13,23)

„Der Edle ist beharrlich,
aber nicht hartnäckig." (LY 15,36)

„Der Edle liebt das Gesetz,
der Niedrigdenkende sucht die Gunst." (LY 4,11)

„Der Edle ist stolz, aber ohne Hochmut;
der Unedle ist hochmütig, aber ohne Stolz."
(LY 13,26)

„Der Edle stellt Ansprüche an sich selbst;
der Niedrigdenkende stellt Ansprüche an andere." (LY 15,20)

„Der Edle fördert das Schöne im Menschen
und fördert nicht das Unschöne im Menschen.
Der Niedrigdenkende macht es umgekehrt."
(LY 12,16)

„Der Edle hat neun Dinge, auf die er achtet:
Beim Sehen achtet er auf Klarheit,
beim Hören achtet er auf Deutlichkeit,
in seinen Mienen achtet er auf Milde,

in seinem Benehmen achtet er auf Höflichkeit,
in seinen Worten achtet er auf Verläßlichkeit,
in seinem Tun achtet er auf Gewissenhaftigkeit;
bei Zweifeln ist der darauf bedacht,
sich zu unterrichten;
und im Zorn bedenkt er die Schwierigkeiten,
die daraus erwachsen können;
angesichts des Empfangens (Gewinnes)
bedenkt er, was recht ist." (LY 16,10)
"Wenn der Edle Bildung erwirbt,
bekommt er Liebe zu den Menschen..."
(LY 17,4)

Musik und Sitte

"Musik drückt die Harmonie des Weltalls aus, und das Sittengesetz drückt die Ordnung des Weltalls aus." "Durch Harmonie werden alle Dinge beeinflußt, und durch Ordnung haben alle Dinge ihren rechten Platz" (Do-Dinh S.171), so heißt es im Li Gi. Und weiter: "Darum bringt der Weise Musik hervor, die dem Himmel entspricht, und Sitten und Gebräuche, die der Erde entsprechen."

In der westlichen Welt weiß selbst der gebildete Laie im allgemeinen nicht, daß Konfuzius auch Musiker war, und welche hervorragende Bedeutung die Musik in seiner Lehre einnimmt.

Bei Konfuzius sind Sitte und Musik die beiden grundlegenden Erziehungsmittel. Er sagt:

"Wecken durch die Lieder,
festigen durch die Sitten,
vollenden durch die Musik." (LY 8,8)

Die lösende Macht der Musik und die bändigende Macht der Sitte geben der Lehre des Konfuzius ihre besondere Dynamik. Wo Sitte und Sittlichkeit gepflegt werden, kann die Musik nicht ausschweifend werden. Wo die rechte Musik gepflegt wird, kann die Sitte nicht entarten oder erstarren.

Der Meister sagt: „Die Musik drückt die Urkräfte der Natur aus, während das Li (die sittliche Zucht) die Schöpfung widerspiegelt. Der Himmel stellt das Prinzip ewiger Bewegung dar, während die Erde das Prinzip des Stillhaltens darstellt, und diese beiden Prinzipien, Bewegung und Ruhe, durchdringen alles Leben zwischen Himmel und Erde. Darum spricht der Weise über sittliche Ordnung und Musik." (Bei Do-Dinh, S.172)

Von dem etwa achtundzwanzigjährigen Konfuzius wird berichtet, daß er zu Meister Hsiang ging, um sich in der Musik höherzubilden, „der er höchsten Wert beimaß und, wie alle Chinesen, eine besondere Kraft zuschrieb. Sie hatte die Macht, die Seele zu enthüllen – wenigstens eine verwandte Seele –, sie zu heilen, Ordnung und Frieden der Gesellschaft und der Welt zu sichern." (Do-Dinh, S.34)

Konfuzius übte zehn Tage lang eine einzige Melodie, bis Meister Hsiang ihm sagte, er könne nun weitergehen. Konfuzius aber erwiderte demütig, er habe wohl die Melodie eingeübt, aber die Rhythmen und Tonverhältnisse noch nicht begriffen, auch nicht erfaßt, welcher Mensch sich hinter dieser Musik verbirgt. Er übte weiter, und schließlich konnte er sagen: „Ich habe erfaßt, wer dieser Mensch war! Seine schattenumdunkelte Erscheinung ist schwarz, er ist schlank und von hohem Wuchs; sein Blick ist wie der eines Widders, der in die Ferne blickt; er hat das Herz eines Herrschers über alle Länder. Wenn das nicht König Wen ist – wer sonst sollte es sein!"

Da stand der Musikmeister auf und verneigte sich zweimal vor Konfuzius, denn das Stück war tatsächlich vom König Wen. (L, S.59)

König Wen war der heilige Ahn der Dschou-Dynastie (von ihm stammt auch die jetzige Sammlung der vierundsechzig Zeichen des I Ging). König Wen, das heißt „vollendeter König". Das Herrschertum des Königs Wen ist aufgezeichnet im Buch der Urkunden (Schuking), einem der Werke des Konfuzianischen Kanons. Wenn es Menschen gibt wie König Wen, so sagt man, dann wird das wahre Herrschertum ausgeübt. Im Dschung Yung heißt es (2,1): „Wenn solche Menschen verschwinden, so verschwindet mit ihnen das Herrschertum."

Später brachte Konfuzius seinen Jüngern gegenüber zum Ausdruck, daß er sich berufen fühle, die Bildung, wie König Wen sie gelehrt hatte, zu vermitteln. „Da König Wen nicht mehr ist, ist doch die Kultur mir anvertraut! Wenn der Himmel diese Kultur nicht vernichten will — was können die Leute von Kuang (die Konfuzius bedrohten) mir dann anhaben?!" (LY 9,5)

In der Musik des Königs Wen hatte Konfuzius das Herz des Heiligen erlebt, hatte dank der innigsten Vertiefung in die Musik und dank seiner mystischen Veranlagung zur Vision dieses Mannes gefunden, der die höchste Tugend verkörperte und dem er als seinem Lehrmeister nachfolgte.

Ebenso wurde Konfuzius durch die visionäre Schau der edlen Herrscher der Vergangenheit inspiriert, als er sich in die Überlieferung vertiefte. Im Lun Yü werden Yau und Schun und der Fürst von Dschou erwähnt.

Zur Zeit des Konfuzius war die Musik in seiner Heimat, dem Staate Lu, längst veräußerlicht, verfallen. Der Meister lernte aber die alte, klassische chinesische Musik im Staate Tsi kennen, wo sie noch in voller Blüte stand. Über dieser Musik vergaß der Meister, tief beeindruckt, drei Monate lang „den Genuß des Fleisches", wie es heißt, also das „Weltessen", und er sagte: „Ich hätte nicht gedacht, daß die Musik eine solche Höhe erreichen könnte" (LY 7,13). Diese sogenannte Schau-Musik ist die des halb-mythischen Kaisers Schun aus dem Goldenen Zeitalter, „als das große Tao herrschte". Der Meister sagte: „Sie erreicht die höchste Klangschönheit und ist auch in ihrem technischen Aufbau vollkommen." (LY 3,25).

Nachdem der Meister nach Lu zurückgekehrt war, „wurde die Musik in Ordnung gebracht. Die Festlieder und Opfergesänge kamen alle an ihren rechten Platz" (LY 9,14); sie wurden gesammelt und im „Buch der Lieder" (Schiking) zusammengestellt, das zu den fünf kanonischen Büchern der klassischen Konfuzianischen Überlieferung gehört.

Die alten mythischen Könige, gleich dem König Wen, schufen Sitte und Musik, um das Menschenleben rhythmisch zu gliedern, d. h. um es in Harmonie mit Himmel und Erde zu bringen. Denn „die Musik ist die Harmonie von Himmel und Erde" (Li Gi, S. 76).

„Die Sitte bringt Rhytmus in die Gesinnung des Volkes. Die Musik bringt Harmonie in die Laute des Volkes. Die Gebote dienen dazu, seine Handlungen zu regeln; die Strafen dienen dazu, Ausschreitungen vorzubeugen. Wenn Sitte und Musik, Strafen und Gebote alle vier ihren Zweck erreichen, ohne drückend zu sein, so ist der Kö-

58

nigsweg vollendet" (Li Gi, S. 74), – eine Metaphysik der Sitte und der Musik.

„Musik und Sitte reichen empor bis zu den Himmelshöhen und umwinden die Tiefen der Erde. Sie wirken im Schattigen und Lichten (Yin und Yang) und stehen in Verbindung mit Geistern und Göttern. Sie reichen empor bis zu den weitesten Fernen und senken sich hinab bis zu den tiefsten Schichten" (Li Gi, S. 78), so lehrt der Meister.

Durch Musik kann man die Gesinnung wandeln, darum bewirkten die mythischen Könige Erziehung durch Musik, dieselbe Lehre, die wir auch in den anderen großen Kulturen finden, aber auch in der Neuzeit.*

Im Li Gi sagt ein Edler: „Sitte und Musik dürfen nicht für einen Augenblick der Persönlichkeit fernbleiben. Wenn man die Musik wirken läßt zur Ordnung der Gesinnung, so wächst eine ruhige, gerade, ehrliche und aufrichtige Gesinnung üppig empor. Wenn eine ruhige, gerade, ehrliche und aufrichtige Gesinnung entsteht, so wird man fröhlich. Durch Fröhlichkeit kommt Friede, durch Friede entsteht Dauer, durch Dauer entsteht himmlisches Wesen, durch himmlisches Wesen entsteht Göttlichkeit. Himmlisches Wesen braucht nicht zu reden und findet doch Glauben, Göttlichkeit braucht nicht zu zürnen und findet doch Scheu. Das ist die Folge der Ordnung der Gesinnung durch Musik." (Li Gi, S. 91)

„Himmlisches Wesen braucht nicht zu reden . . .", darum sagt der Meister (Li Gi, S. 222): „Höchste Musik gibt keinen Laut, und alles Volk auf der Welt kommt in Harmonie." Entsprechend sagen die Kabbalisten: „Die richtige, höchste Melodie wird aber ganz ohne Stimme ge-

* Inge von Wedemeyer: „Die Goldenen Verse des Pythagoras", Verlag Heilbronn. Hazrat Inayat Khan: „Musik und kosmische Harmonie aus mystischer Sicht", Verlag Heilbronn.

sungen." Und aus derselben mystischen Sicht sagte Dschelal-ud-Din Rumi: „Oh, suche die Musik, die nie verklingt! Oh, finde die Sonne, die nie versinkt."*

Konfuzius selbst sang und spielte drei Instrumente — Thschin, Seh, Hsùan. Vor allem liebte er die Laute. Wenn er von der Schaumusik sagte, sie sei vollkommen gut und vollkommen schön, so muß man sich unter diesen Hymnen und Opfergesängen eine Form des Mantramierens vorstellen.

Tschuang-tse (S. 45) schildert, wie jemand tief ergriffen war von der Musik des Herrschers der Gelben Erde, und dieser ihm erklärte: „Ich spielte zwar von Menschen geschaffene Musik, aber ich drückte Himmlisches damit aus. Ich spielte zwar nach allen Regeln der Kunst, aber ich legte die Klarheit des Ewigen hinein. Die höchste Musik läßt erst der Menschen Taten widerklingen und fügt sich doch den Ordnungen des Himmels ein. Sie stellt der Menschen Wandel dar und läßt zugleich die ewigen Naturgesetze widerklingen. Und weiter gestaltet sie den Wechsel der vier Jahreszeiten und bringt die Geschöpfe der Welt in ihre Harmonie. . ."

Die Töne, so heißt es im Li Gi, entstehen im Herzen, die Musik kommt aus dem Innern hervor; die Sitten gestalten von außen her. Zwischen Musik und Sitte muß das rechte Gleichgewicht bestehen. Wird der Musik der Vorrang gegeben, so verfallen die Sitten; wird den Sitten der Vorrang gegeben, so erstarren sie. In der Harmonie zwischen Musik und Sitte erblüht der Frieden.

Musik spiegelt die Gestimmtheit des Herzens, und die rechte Musik stimmt das Herz auf den rechten Ton. Darum sagt Konfuzius: „Ein Mensch ohne Menschen-

---

*Inge von Wedemeyer: „Wie Musik die Meditation vertiefen kann", Verlag Kurt Fechtner, Ludwigshafen.

liebe, was hilft dem die Form (Sitte)? Ein Mensch ohne Menschenliebe, was hilft dem die Musik?" (LY 3,3)

„Wenn zuchtlose Laute die Menschen beeinflussen, so entspricht ihnen die Neigung zur Unbotmäßigkeit. Wenn die Neigung zur Unbotmäßigkeit Gestalt gewinnt, so kommt eine unzüchtige Musik auf. Wenn rechte Laute die Menschen beeinflussen, so entspricht ihnen die Neigung zur Fügsamkeit. Wenn die Neigung zur Fügsamkeit Gestalt gewinnt, so kommt eine harmonische Musik auf." (Li Gi, S. 81)

Durch Studium, Anhörung und Ausübung der rechten Musik bringt man Herz und Gemüt ins Lot. Darum sagt Konfuzius, man könne alle dreihundert Lieder im „Buch der Lieder" (Schiking) mit einem einzigen Satz charakterisieren: „Bewahre das Herz auf dem rechten Fleck!" (LY 2,2) oder, wie Richard Wilhelm übersetzt: Habe ein reines Herz, denke nichts Arges.

Sitte und Musik sind die Zierde des vollkommenen Menschen. In Sitte und Musik, Menschlichkeit und Gerechtigkeit, so heißt es, zeigt sich die Tugend (Heng) des vollkommenen Menschen.

Das Lied des Edlen „ist fröhlich, ohne ausgelassen zu sein, ist sehnsuchtsvoll, ohne das Herz zu verwunden" (LY 3,20). „Beim Singen entfaltet man dadurch, daß man sich selbst richtig macht, seine Lebenskräfte" (Li Gi, S. 94).

Im Lun Yü wird folgende Geschichte erzählt: Eines Tages spielte der Meister im Staate We auf dem Musikstein. Das ist ein Instrument aus aufgehängten Nephritstückchen, die angeschlagen werden — eines der acht Hauptinstrumente der klassischen chinesischen Musik. Nun kam ein taoistischer Eremit mit einem Strohkorb auf der Schulter des Weges, also ein Mann, der sich ganz und gar aus der Welt zurückgezogen hatte. Als er das Spiel des Meisters hörte, sagte er zunächst: „Der diese Musik spielt, dem geht das Leid der Welt zu Herzen!" Nach einer Weile aber fügte er hinzu: „Was soll das Gebimmel! Wenn die Leute nicht auf uns hören wollen, gibt man es einfach auf und zieht sich völlig zurück."

Als der Meister diese Worte hörte, sagte er: „Der hat leicht reden! Der macnt es sich zu einfach! Sich zurückzuziehen ist nicht schwer." (LY 14,42)

Dschuang-tse läßt den Konfuzius über die Taoisten sagen: „Diese Leute bewegen sich außerhalb der Regeln des Lebens. Ich aber bewege mich in den Grenzen dieser Regeln."

Konfuzius war Meister und Lehrmeister. Er lehrte die Menschen, den Weg zu finden, indem er ihnen das Gesetz des Himmels und der Erde zeigte. Er lebte mitten unter ihnen, nahm den Weg der Erde auf sich, um denen, die danach fragen und streben, den Weg des Himmels zeigen zu können — und zwar allen, auf welcher Stufe der Entwicklung sie auch stehen mögen.

Im Li Gi heißt es (S. 77): „Der Himmel ist hoch, und die Erde ist niedrig, und alle Dinge sind dazwischen mit ihren Unterschieden ausgestreut. Daraus entspringt die Gestaltung der Sitte. Ihre Kräfte fließen unaufhörlich. Das Getrennte wird zusammengebracht und vereinigt und so gewandelt. Daraus entspringt die Schöpfung der Musik. Der Frühling schafft, der Sommer läßt wachsen: das ist die Liebe. Der Herbst sammelt, der Winter bringt in die Scheunen: das ist die Gerechtigkeit. Die Liebe entspricht der Musik, die Gerechtigkeit entspricht der Sitte."

Die Religion des Tao

Man hat die chinesische Religion einem mächtigen Baume verglichen, mit drei starken, ausladenden Ästen: Taoismus, Konfuzianismus und Buddhismus. Die Wurzeln reichen tief in die mythische Vorzeit, die Krone öffnet sich dem All Einen.

So stellt dieser Baum die Gesamtheit möglicher religiöser Erfahrung dar, von der Naturreligion und dem Ahnenkult bis zu den unaussprechlichen Erfahrungen der höchsten Mystik. Dieses tolerante Miteinander aller Möglichkeiten religiösen Erlebens in unausschöpflicher Fülle gibt dem Baum seine Dauerhaftigkeit, die durch Jahrtausende reichende einzigartige Kontinuität der chinesischen Kultur. Jeder einzelne kann in diesem religiösen Universum den Platz finden, der ihm schicksalhaft zugedacht ist.

Auch wenn Unterschiede herausgestellt und dann und wann sogar auf einer bestimmten Ebene des Denkens kraß herausgestellt werden, so ist das tolerante Miteinander der religiösen Richtungen, die Einheit des mächtigen Baumes doch das Bestimmende. Es wird zum Beispiel als typisch berichtet, daß ein Chinese mit dem einen Anliegen zum Taoisten geht, mit einem anderen in den Konfuzianischen Tempel, mit dem nächsten zu einem buddhistischen Priester, und auch zu einem christlichen Seelsorger. Von einigen bedeutenden Chinesen heißt es: „Sie lebten als Konfuzianer und schrieben buddhistische, von taoistischen Empfindungen durchdrungene Poesie."

Der westliche Mensch hat Schwierigkeiten, das Miteinander der großen Religionen und ihrer Lehren zu verstehen, ist er doch gewohnt zu charakterisieren, indem er Menschen, Lehren und Begriffe hart gegeneinander abgrenzt. Das führt häufig zu grotesken Verkennungen, Verfälschungen, Entstellungen, so z. B. wenn man Konfuzius in „scharfem Gegensatz" zu Lao-tse darstellt; wenn man in Lao-tse den Meister, in Konfuzius aber den Schulmeister sehen will. Man hat in neuester Zeit in der westlichen Welt den Tao-Te-King des Lao-tse sogar als eine antikonfuzianische Streitschrift bezeichnet. Entspricht das klassischem chinesischen Philosophieren? Lao-tse war ein Heiliger, und — nach seinen eigenen Worten — streiten Heilige nicht.

Ohne auf den Buddhismus näher einzugehen, der in China im Zusammenklang mit Taoismus und Konfuzianismus zu reichster Entfaltung kam, sollen in dieser dem Konfuzius gewidmeten Schrift einige Grundbegriffe der Religion des Tao beleuchtet werden!

TAO. Zunächst noch einmal Worte zum Tao, diesem Zentralbegriff der chinesischen Religion. Tao ist tiefstes Mysterium. Tao ist das Eine, in sich selbst Ruhende, aus dem die Welt entsteht und von dem die Welt regiert wird.

Tao ist Sinn und Schicksal, denn
> „Unfaßbar, ohne Grenzen,
> trifft aus sich selbst
> des Himmels Sinn (Tao) das Ziel.
> Unendlich, ohne Teile,
> schließt aus sich selbst
> des Himmels Sinn (Tao) den Kreis."(Liä Dsi,
> S.126)

Tao ist das Urewige und ist der Weg zum Urewigen, zum ewigen Leben. Tao ist das Urgeheimnis. Wenn es in der westlichen Welt ein Wort gibt, das ihm entspricht, so ist es „Gottheit".

64

YIN und YANG. Das Eine, das Tao, entfaltet aus sich die Zweiheit, das Yin und Yang, die beiden „wechselnden Grundzustände des offenbaren Seins" (Richard Wilhelm) — Grundprinzip der Schöpfung, des Daseins.

Diese Polarität der beiden Urkräfte, des Dunklen und des Lichten, ist aber nicht als dualistischer Gegensatz zu verstehen, vielmehr ergänzt eines das andere; zusammen bilden sie die Einheit, von der sie gebildet werden. Das Schöpferische (Yang) und das Empfangende (Yin), die beiden universalen Urkräfte, umkreisen und durchdringen einander — unablässig strömende Bewegung des Lebens in unaufhörlicher Wandlung.

Wer die Wandlung erkannt, wer der „Erscheinungen Flucht" geschaut hat, fragt nach dem Einen Unwandelbaren, richtet sein inneres Auge auf das Eine, das Tao, in dem alles wurzelt und zu dem alles zurückkehrt. „Das Ziel ist das Tao!" Wer in den „Wandlungszuständen" das „Fließgleichgewicht" fand, hat Meisterschaft errungen.

Konfuzius stand an einem Fluß und sagte: „So fließt alles dahin, wie dieser Fluß, ohne Aufhalten, Tag und Nacht." (LY 9,16)

Yin und Yang wird grafisch dargestellt, indem Wu Gi, der Kreis, Symbol für den Uranfang, durch eine Wellenlinie in zwei Hälften geteilt wird: die lichte und die dunkle. Im lichten Feld aber liegt das Samenkorn des Dunklen, und im dunklen Feld das Samenkorn des Lichten. Es ist das TAI-CHI-Symbol (Tai Gi), in ihm sind die drei Grundfiguren, Punkt, Linie und Kreis, genial zur Einheit verschmolzen.

In der chinesischen Mythologie gilt das Tai-Chi-Symbol auch als Weltenei, aus dem das Urwesen, der Riese P'an-ku, entstanden ist und dieses, aus Yin und Yang zusammengesetzte Weltenei in seinen Händen trägt.

Das Gesetz des Tai Chi regiert die metaphysische und die physische Welt, also das Nichtoffenbare, die Welt der Ideen, die dem Offenbaren zugrunde liegt, und das Offenbare selbst.

„Sein und Nichtsein erzeugen einander", sagt Laotse.

Erkenntnis des Urgrundes allen Wesens und Lebens ist aber kein abstraktes Wissen, sondern zeigt sich in Fähigkeiten, in schöpferischer Teilhabe.

Tai Chi ist die grafische Darstellung des allerhöchsten Prinzips, und damit Grundlage der gesamten chinesischen Wissenschaft. Alles Studieren, Lernen und Lehren hat nur den einen Zweck, die Gesetze des Tao zu erkennen, um seine Lebensführung, das Leben in dieser und den anderen Welten danach zu gestalten.

So entwickeln sich die Wissenschaften und Künste wie Astronomie, Mathematik, Heilkunst, Musik — und sind doch nur Annäherungen an das Eine Urgeheimnis.

Im „Buch der Lieder" heißt es:

„Gottes Plan und Ordnung,
unerforschlich sind sie, währen immerdar."

Sie sind das Wesen Gottes.

In der Erkenntnis des Wesens und Lebens (Tao) liegt die Kraft und Macht der Weißen Magie; durch diese Wissenschaft, dem heiligmäßigen Umgang mit der Schöpfung, wird man zum verantwortlichen Mitarbeiter des Himmelsgottes.

Heiligkeit bedeutet, Macht über die Dinge und Menschen zu haben. Aber nur wer dem Gesetz des Tao uneigennützig folgt, nur wer den Willen des Himmels zur Richtschnur nimmt, kann ein Edler sein, auf dem Wege zur Vollendung.

Wer hingegen mit den gewonnenen Kräften eigenmächtig und eigenwillig in das Walten des Himmels und der Erde eingreift, wirkt zum Verderben, in dem vor allem er selbst zerstört wird.

Im letzten Kapitel des Tao-Te-King heißt es:

„Wer des Himmels Weg geht,
nützt, ohne zu schaden."

Eine alte Geschichte erzählt, wie Konfuzius eines Tages mit seinen Jüngern an einem tosenden Fluß entlangwandert. Sie sahen einen alten Mann, der im Fluß trieb und unterzugehen schien. Konfuzius schickte einen seiner Schüler, ihn zu retten; der Mann aber erreichte ohne Hilfe das sichere Ufer. Konfuzius fragte ihn, wie er lebend aus dem die Felsen umtosenden Fluß hatte herauskommen können. Der alte Mann antwortete: „Oh, ich weiß, mit dem absteigenden Strudel hineinzukommen und mit dem aufsteigenden Strudel herauszukommen." Er war ein Mann des Tao, ein Weiser.

Im Tao-Te-King schreibt Lao-tse (Kap. 42):

„Der Weg (Tao) schuf die Einheit.
Einheit schuf Zweiheit.
Zweiheit schuf Dreiheit.
Dreiheit schuf die zehntausend Wesen.
Die zehntausend Wesen
Tragen das dunkle Yin auf dem Rücken,

Das lichte Yang in den Armen.
Der Atem des Leeren macht ihren Einklang."

Das ist ein auf die kürzeste Formel gebrachter Schöpfungsbericht, seine zahlenmystische Darstellung, Entsprechung im Sieben-Tage-Werk Gottes des alttestamentarischen Schöpfungsmythos. Das Aufgehen der Zwei aus der Eins, des Lichten und Dunklen, Yang und Yin, aus dem Einen, steht auch bei Moses (1,3) am ersten Schöpfungstag: „Und Gott sprach: Es werde Licht! und es ward Licht. Und Gott sah, daß das Licht gut war. Da schied Gott das Licht von der Finsternis und nannte das Licht Tag und die Finsternis Nacht. Da ward aus Abend und Morgen der erste Tag."

Yin und Yang, die beiden Grundkräfte, kreisen umeinander, ineinander. Welches aber ist das Wesen des Tao? Ist es dunkel? Ist es licht? Ist es weder dunkel noch licht?

Im Li Gi (S.129) heißt es: „Heil und Unheil äußern sich gleichzeitig. Glück und Unglück erzeugen einander. Endgültig aber entsteht das Glück, wenn große Geisteskraft in Gemeinschaft mit dem Himmel wirkt", – das ist das Licht, in dem keine Finsternis ist (1. Joh. 1,5), wie es entsprechend in der christlichen Überlieferung heißt. Eben deshalb steht auch im alttestamentarischen Schöpfungsmythos am Beginn „Es werde Licht!" und erst danach ereignet sich die Scheidung in Licht und Finsternis.

Lao-tse nannte das Tao das „höchste Gut der Welt". Entsprechend heißt es bei Thomas von Aquin: „Gutes ohne Böses kann es geben; Böses aber ohne Gutes kann es nicht geben." (I,42)

Tai Chi bedeutet auch „der große Firstbalken" (Richard Wilhelm), er ist gleichsam die Krönung des Weltendaches. Es ist die Linie, die zwar die Zweiheit symbolisiert, aber doch Ausdruck der zweitlosen Einheit ist. Die Linie des Firstbalkens teilt die Einheit in rechts und links, vorne und hinten, oben und unten. Der Firstbalken ist Noch-Himmel und Schon-Erde, ist Noch-Erde und Schon-Himmel.

Rüdenbergs Wörterbuch schreibt zum Tai Chi: Himmelspol, höchster Gipfel, das oberste Natur- und Weltgesetz der chinesischen Philosophie.

Firstbalken und höchster Gipfel zugleich, — das Miteinander von Zweiheit und Einheit!

Die heute auch in Europa verbreitete klassische chinesische Bewegungsmeditation Tai Chi Chuan hat letztlich das Balanzieren auf diesem Firstbalken zum Ziel, — das Ersteigen des Gipfels. Das Anstreben eines Fließgleichgewichtes zwischen Yin und Yang hat nicht nur therapeutische Wirkung, sondern führt auf den Pfad der Entwicklung und Vervollkommnung der Persönlichkeit.

Die Annäherung an das Eine Urgeheimnis ist Gabe und Aufgabe des Menschen, der mit Himmel und Erde DIE DREIHEIT DER URMÄCHTE darstellt. „Der Mensch bildet eine Dreifaltigkeit mit Himmel und Erde", heißt es im Li Gi (S.62). Das ist die Trinitätslehre, wie sie in allen großen Religionen und ihren Mythen zum Ausdruck kommt, so ja auch — allerdings dogmatisiert — in der christlichen.

In der chinesischen Kosmogonie wird die Entfaltung der Drei aus der Zwei durch den Dreiklang Himmelsvater, Himmelsmutter und Heiliger Mensch dargestellt. Anders ausgedrückt: durch die Dreieinigkeit von Himmel, Erde und Mensch (siehe auch das erste Kapitel des Tao-Te-King. Hier im Kapitel „Das Ziel des Edlen ist das Tao" wiedergegeben). Entsprechend dieses Dreiklanges wird der chinesische Herrscher, der verantwortlich für das harmonische Gelingen dieses Dreiklanges auf Erden ist, als Himmelssohn verehrt. Wer den Dreiklang als wahrhaft Heiliger vollendet, gilt als göttlich, er hat die höchste Wahrheit (Li Gi, S.38). Das entspricht der christlichen Vorstellung vom Menschen als „Krone der Schöpfung", wie schon gesagt, ist der Mensch doch angelegt, sich zu heiliger Vollendung zu entfalten, das Symbol dafür ist die Krone der Erleuchtung, Ehrenzeichen all derer, die Unsterblichkeit erlangt haben.

WU-WEI, wörtlich: „Ohne-Tun." Ist mit dem Ideal des Ohne-Tun ein weltflüchtiges Leben gemeint? Das Leben ungezählter taoistischer Eremiten scheint diese Deutung nahezulegen. Jedoch der sprichwörtliche fröhliche Fleiß der Masse des chinesischen Volkes, der Religion des Tao angehörend, scheint sie zu wiederlegen. Der Spott, mit dem mancher Taoist über den heiligen Eifer des Konfuzius spricht, scheint diese Deutung nahezulegen; die Meisterschaft des Konfuzius scheint sie zu widerlegen.

Das Nicht-Tun der klassischen Religion des Tao ist Konfuzius und Lao-tse gemeinsam, Lao-tse aber ist es, der Wu-wei in den Mittelpunkt seiner Lehre stellt, während Konfuzius, der den Stufenweg der Entwicklung lehrt, meist nur dann vom Ohne-Tun spricht, wenn er Menschen hoher Vollendung schildert. So heißt es im Li Gi bei Betrachtung des siegreichen Königsweges vom höchst Gütigen, höchst Liebenden, höchst Weisen, höchst Harmonischen, höchst Erleuchteten: „Er bleibt auf seiner Matte sitzen, während er seine siegreichen Heere zurückführt." (S.223)

Im Tao-Te-King spricht Lao-tse vom Heiligen Menschen des Ohne-Tun:

> *„Er weilt beim Geschäft des Ohne-Tun,*
> *Er lebt die Lehre des Nicht-Redens.*

Die zehntausend Wesen werden
geschaffen von ihm,
Doch er entzieht sich ihnen nicht.
Er zeugt, aber besitzt nicht;
Er tut, aber baut nicht darauf.
Ist das Werk vollendet, verweilt er nicht dabei.
Wohl! Nur dadurch, daß er nicht verweilt,
Ist nichts, das ihm entginge." (Aus Kap. 2)
„Tut er das Ohne-Tun,
Ist nichts, das nicht regiert würde." (Aus Kap. 3)
„Erzeugen, doch nicht besitzen;
Tun, doch nicht darauf bauen;
Leiten, doch nicht beherrschen –
Dies nennt man Mystische Tugend."
(Aus Kap. 51)

Ohne-Tun ist mystisches Tun, ist — weltlich gesehen — ein unentschlüsselbares Paradoxon.

Im 37. Kapitel des Tao-Te-King sagt Lao-tse:

„Der Weg (Tao) ist ohne Tun;
Aber nichts, das ungetan bliebe."

Von Meister Liä Dsi sind im „Wahren Buch vom quellenden Urgrund", in dem sowohl Konfuzius als auch Lao-tse eine hervorragende Rolle spielen, folgende Worte überliefert: „Was alle Wesen erzeugt, ist unerzeugt; was alle Wesen wandelt, ist unwandelbar" (S.34).

Das Tao ist ohne Tun, und doch „gibt es nichts, das es nicht vollbrächte"! Das Wirken des Tao ist Te, d. h. sowohl Tugend als auch Wesen: Das Wesen und Wirken des Tao gilt also der Erschaffung, der Erhaltung, dem Wandel, dem Wohle des Universums.

Das mystische Ideal des Ohne-Tun bedeutet, in Einklang mit dem Tao zu stehen, um — wie dieses — aus dem unergründlichen Urgrund des unbeweglichen Seins zu vollbringen, was vollbracht werden muß, jede Regung und Bewegung aus dem Urgrund des Unbeweglichen empfangend.

Das Ideal des Ohne-Tun fordert, daß man nicht selbstherrlich in das Geschehen eingreifen will, sondern stets nach dem Willen und Gesetz des Tao handelt. Eine alte Geschichte erzählt von einem Manne, der auf sein Feld hinausging und allen Pflanzen zum Wachsen verhelfen wollte, indem er sie aus den Hüllblättern zog. Er war stolz auf sein Werk, als er jedoch am nächsten Tag sein Feld besuchte, waren alle Pflanzen verwelkt.

Wu-wei wird auch als die Lehre von der Nichteinmischung bezeichnet, — das Absehen vom uneinsichtigen Eigen-Willen.

Rüdenbergs Wörterbuch übersetzt Wu-wei folgendermaßen: Nichthandeln (taoistisch): Ergebung in das Tao (im Bewußtsein der Unzulänglichkeit bewußten menschlichen Handelns). Nirvana (buddhistisch).

Das Ideal des Ohne-Tun bedeutet Stillesein und Geduld haben, entsprechend dem Wort aus dem 37. Psalm (V.7): „Sei stille dem Herrn und warte auf ihn." Oder im 62. Psalm (V.2): „Meine Seele ist stille zu Gott."

Meister Eckehart lehrt das Ohne-Tun mit folgenden Worten: „Denke nicht, dein Heil zu setzen auf ein Tun, man muß es setzen auf ein Sein; denn die Werke heiligen uns nicht, sondern wir müssen die Werke heiligen."

Die klassischen Taoisten haben das Ideal des Wu-wei häufig durch ein Eremitendasein zu erfüllen gesucht; denn das mystische Tun und Ohne-Tun muß nicht nach außen hin sichtbar sein, muß nicht vor den Augen der Menschen geschehen. Ja, ohne ein gewisses Maß an Einsamkeit und Zurückgezogenheit kommt keiner aus, der unterwegs zum Allerheiligsten ist.

Liä Dsi schreibt: „Der gute Magier gebraucht seine Kräfte im Verborgenen."

Das ist wohl auch einer der Gründe, weshalb Konfuzius, dessen besondere Aufgabe es war, mitten in der Welt zu leben und zu wirken, seltener von diesen Dingen gesprochen hat, die doch nur von einigen wenigen verstanden werden konnten.

Einmal fragte man Konfuzius geringschätzig: „Warum nehmt Ihr Euch so wichtig und eilt immer hin und her? Redet Ihr nicht ein wenig zu viel?" Der Meister antwortete: „Ich möchte eigentlich gar nicht reden, aber ich hasse das gegenwärtige Chaos der Sitten" (L, S.111). Das Opfer des Konfuzius bestand eben darin, daß er auf das Schweigen verzichtete, um seine besondere Lebensaufgabe erfüllen zu können.

Konfuzius lebte in der Welt, ohne von dieser Welt zu sein. Das hat man, zumal in der westlichen Welt, häufig verkannt; auch mancher Taoist, der noch nicht die Stufe erreicht hatte, das Wirken des Konfuzius verstehen zu können, fühlte sich ihm überlegen, als habe er den besseren Weg gewählt. Und das ist auch heute noch so. Konfuzius sprach: „Wer ohne etwas zu tun das Reich in Ordnung hielt, das war Schun (einer der großen Könige). Denn wahrlich: Was tat er? Er wachte ehrfürchtig über sich selbst und wandte ernst das Gesicht nach Süden, nichts weiter" (LY 15,4). Schu vervollkommnete sein Wesen, um dadurch der Welt Frieden zu geben. Richard Wilhelm nennt es „durch die Schwerkraft seines Wesens alle in Ordnung zu halten", und betont, wie Konfuzius hier völlig mit Lao-tse übereinstimmt.

„Das Tao macht kein Geschäft und schafft doch unaufhörlich", diesen Ausspruch haben er und Konfuzius, beide, jeder auf seine Weise, auf ihrer Lebensreise verwirklicht.

Liä Dsi erzählt, wie ein Mann den Konfuzius fragte, ob er ein Heiliger sei. Konfuzius wehrte ab: „Ich bin nur im Lernen bewandert und habe viele Kenntnisse." Und der Mann fragte, ob die drei mythischen Könige, die fünf Herrscher, die drei Erhabenen Heilige gewesen sein. Konfuzius sagte, das wisse er nicht. Ja, wer ist denn dann ein Heiliger?

Konfuzius antwortete: „Unter den Leuten der Westgegend, da gibt es ja wohl einen Heiligen. Er ordnet nichts, und doch ist nichts verwirrt; er redet nichts, und alles glaubt von selber; er bessert nichts, und alles geht von selber. Unbegreiflich ist er! Und die Leute finden keinen Namen für ihn. Ich vermute, der ist wohl heilig . . ." (Liä Dsi, S.88). Manche nehmen an, er habe damit Lao-tse gemeint.

Ein Meister bezeichnet sich nicht selbst als Meister, ein Heiliger stellt sich nicht selbst als Heiligen vor.

> *„Des Himmels Weg . . .*
> *Er redet nicht*
> *und ist dennoch gut,*
> *Antwort zu geben."* (Lao-tse, aus Kap. 73)

Leben und Werk des Konfuzius. Eine Skizze

Konfuzius entstammt einer alten chinesischen Familie, die ihre Abstammung auf das königliche Geschlecht der Yin-Dynastie (etwa 1500—1000 v. Chr.) zurückführen kann, daher hieß es in einem zeitgenössischen Be

74

richt: „Er ist ein Nachkomme der heiligen Männer", was man allerdings auch als Aussage über die geistige Nachfolge, in der er stand, deuten könnte.

Das Geschlecht, aus dem er stammte, war aber erloschen, und es heißt, Konfuzius entstamme der außerehelichen Verbindung mit einem blutjungen Mädchen. Es hatte auf dem Berge Nitschiu gebetet und empfing als Gebetserhörung Konfuzius; wunderbare Legenden ranken sich um das Geschehen!

Als Konfuzius geboren wurde, kam ein Einhorn (Kilin, Chilin) zu seiner Mutter und spuckte einen Nephritstein aus, auf dem geschrieben stand: „Sohn des Wasserkristalls, du wirst einst ungekrönter König werden!"

Das Erscheinen des Kilin gilt als glückverheißend, es erscheint nur, wenn eine gute Regierung oder ein großer Mann im Kommen ist. Stets wahrt es seine Würde als „Himmelspferd", indem es nur Würdigen erscheint. Das Kilin gehört zu den vier Wundertieren, die die Elemente symbolisieren: Der Phönix, Sinnbild vollkommener Tugend, steht für das Feuer, der Drache symbolisiert die Luft, die Schildkröte das Wasser, das Einhorn die Erde. Das fünfte Element ist der Mensch. Das Einhorn soll aus dem Mittelpunkt der Erde entsprungen sein, es ist ein Fabeltier, zusammengesetzt aus verschiedenen Tierelementen, und es ist schön. Es schreitet, als ginge es auf Wolken — so wird es gelegentlich dargestellt —, denn es verletzt nicht den kleinsten Grashalm, noch irgendein Wesen. Sein Name ist zusammengesetzt aus „ki" als Symbol für das Männliche und „lin" als Symbol für das Weibliche. So ist es in sich selbst ein vollkommenes Wesen und schenkt den Frauen Fruchtbarkeit. Das Kilin gilt als Symbol für Güte, die ja so bezeichnend für Wesen und Lehre des Konfuzius werden sollte.

Und der Nephrit, den das Einhorn der Mutter brachte? Konfuzius selber sagt vom Nephrit, der Edle sehe seit altersher im Nephrit ein Abbild aller Tugenden: „Er gleicht der Güte in seinem milden, weichen Glanz. Er gleicht der Weisheit in der Dichtigkeit seiner Masse und seiner Festigkeit. Er gleicht der Gerechtigkeit, weil er scharfkantig ist, ohne zu verletzen. Er gleicht der Sitte . . . Er ist der Musik verwandt . . . Er gleicht der Treue . . . Er gleicht der Zuverlässigkeit . . . Er gleicht dem Himmel . . . Er gleicht der Erde . . . Er gleicht der Tugend . . . Er gleicht dem Sinn . . ." (Giä Yü, S.135)

Das sind die Gaben, die – so würde man in abendländischer Märchensprache sagen, „dem Kind von der guten Fee in die Wiege gelegt wurden".

So wie das Einhorn verheißungsvoll am Beginn des Lebens des großen Meisters stand, so wird es auch am Ende seinen Tod ankündigen.

Kung wurde im Jahre 551 in Tsou, einer Stadt im Staate Lu, der heutigen Provinz Shantung, geboren. Sein Vater starb, als er erst drei Jahre alt war, und der Knabe wuchs in ärmlichen Verhältnissen auf.

Schon in seinen kindlichen Spielen zeigte er die Liebe zu den heiligen Gebräuchen der Vorzeit, die für seine Entwicklung und sein Lebenswerk bestimmend wurden.

In den „Gesprächen" (Lun Yü) sagt er von sich selbst: „Mit fünfzehn hatte ich mich zum Lernen entschlossen, mit dreißig stand ich fest, mit vierzig war ich frei von Zweifeln, mit fünfzig kannte ich den Willen des Himmels, mit sechzig war ich immer noch lernbegierig, mit siebzig konnte ich den Wünschen meines Herzens folgen, ohne gegen das Rechte zu verstoßen (ohne das Maß zu überschreiten)" (LY 2,4), und so war er fähig, die himmlischen und irdischen Dinge zu erkennen, zu unterscheiden und zu betreuen, wie es Aufgabe des Meisters ist.

Mit neunzehn Jahren heiratete er, der Ehe entstammte ein Sohn, vermutlich auch zwei Töchter. Mit zweiundzwanzig Jahren gründete er eine Schule, der Lehrplan entsprach dem der amtlichen Schulen, vor allem aber lehrt er die Überlieferung, die Weisheit und Wissenschaft des Altertums. Er selbst sagt über die Grundlagen: „Der Weg der großen Wissenschaft besteht darin, die Geisteskräfte zu klären, die Menschen zu lieben und das Ziel sich zu setzen im höchsten Guten." (Li Gi, S.46)

Konfuzius lebte in einer Zeit, in der die große alte Kultur zugrunde zu gehen schien, in einer Zeit der politischen Wirren und des Verfalls der Tugend. Er sah seine Aufgabe und Sendung darin, die heilige Überlieferung der Vorzeit wieder ins Bewußtsein zu rufen und lebendig werden zu lassen, die heiligen Wurzeln freizulegen, um so eine Erneuerung von innen her anzuregen.

Die große Überlieferung stammt von den drei mythischen Kaisern und fünf mythischen Herrschern des „Goldenen Zeitalters", sie waren Heilige und galten als Begründer der menschlichen Kultur, der mitmenschlichen Sittlichkeit und alle Bereiche umfassenden himmlischen und irdischen Ordnung. Sie lebten in prähistorischer Zeit. Man nimmt auch an, der Mythos von diesen Herrschern des „Goldenen Zeitalters" sei als Weltschöpfungsmythos zu verstehen.

Konfuzius sagte: „Sieben Männer gibt es, die geschaffen haben" (L. Y. 14,40). Man könnte hier Namen für die großen Kulturschöpfer aufzählen, wie Richard Wilhelm es versucht hat: Yau, Schun, Yü, Tang, König Wen, König Wu, Schous Gung. Ebenso oder zugleich kann es sich um die sieben Bewußseinsebenen handeln, als Anspielung auf einen mythischen Schöpfungsbericht.

Der Ruf der Gelehrsamkeit und Weisheit des jungen Kung Thschu breitete sich schnell aus.

Das Leben, Lernen und Lehren des Meisters stand stets im Zeichen getreuer Selbstprüfung. Er sagte:

> *Was mich beschäftigt und bewegt, ist folgendes:*
> *meinen Charakter ständig zu läutern*
> *und meine Studien nicht zu vernachlässigen;*
> *voranschreiten, wenn ich den richtigen*
> *Weg erkenne,*
> *und mich bessern, wenn ich meinen Fehler*
> *einsehe."* (L, S.113)

Studieren bedeutet ihm nicht das Speichern von Wissen, sondern Vollbringen, Reifung der Persönlichkeit, Umsetzen in die Tat. Denken, Sprechen und Handeln — Wissen, Wollen und Tun, müssen in Einklang stehen. Er sagt:

„Die Alten sparten ihre Worte, denn sie schämten sich, mit ihrem Betragen hinter ihren Worten zurückzubleiben." (LY 4,22)

Ideale wären nichts anderes als Schwärmerei, wenn sie nicht durch Lernen und Leben angestrebt werden.

Hierzu die sechs Sprüche des Meisters über die sechs Mängel:

> „*Wer die Güte liebt, aber nicht das Lernen,*
> *hat den Mangel, unwissend zu sein.*
> *Wer die Weisheit liebt, aber nicht das Lernen,*
> *hat den Mangel, phantastische,*
> *aber nicht stichhaltige Gedanken zu hegen.*
> *Wer die Ehrlichkeit liebt, aber nicht das Lernen,*
> *hat den Mangel, die Dinge zu verwirren und*
> *zu vereiteln.*

Wer die Einfachheit liebt, aber nicht das Lernen,
hat den Mangel, nur der Konvention zu folgen.
Wer den Mut liebt, aber nicht das Lernen,
hat den Mangel, unbotmäßig und gewalttätig
zu sein.
Wer die Entschlossenheit liebt, aber nicht das
Lernen,
hat den Mangel, eigenwillig und überheblich
zu sein." (L, S.138)

In den Gesprächen sagt der Meister:

„Vierfach ist der Weg der Bildung:
Richte deinen Willen auf die rechte Bahn.
Halte fest am rechten Tun.
Stütze dich auf das Gute,
und erfreue dich am Schönen." (LY 7,6)

Tiefste Erkenntnis erreicht man nicht ohne höchste Sammlung des Geistes, darum sagt der Meister: „Schweigen und erkennen, forschen und nicht überdrüssig werden, die Menschen belehren und nicht ermüden: Was kann ich dazu tun?" (LY 7,2) — das Leben des Meisters ist Antwort auf diese Frage!

Als Meister und Lehrer zweier Schüler aus einer Adelsfamilie — als „Prinzenerzieher" — kam Konfuzius vierunddreißigjährig nach Lo im heutigen Honan, der Hauptstadt des alten Dschou-Reiches. Hier war die große Kultur noch lebendig. Hier erlebte Konfuzius die Überreste einer glanzvollen Vergangenheit — ein überwältigender, schicksalbestimmender Eindruck!

In Lo soll auch die Begegnung mit Lao-tse stattgefunden haben, von der es einige widersprüchliche, offensichtlich von Schülern des Lao-tse aufgezeichnete Berichte gibt, bei denen Konfuzius daher nicht sonderlich gut abschneidet, indem Lao-tse ihn tadelt, weil er sich bemühe, die Welt sozusagen in Ordnung zu bringen.

Es ist seit eh und je typisch, daß die noch intoleranten Schüler ihren Meister herausstellen wollen, indem sie andere Meister und ihre Lehren difamieren. Ehe nicht eine bestimmte Stufe der Entwicklung und Reinheit des Herzens erreicht ist, liefern die Schüler und Anhänger des Meisters sich — selbst untereinander — auf Grund ihres Konkurrenzdenkens förmliche Schlachten, von den Kleinlichkeiten und Gehässigkeiten im Alltag bis zum Völkermorden. Die Meister aber stehen hoch darüber und sind Brüder.

Wer keine Demut und Ehrfurcht hat, kann keinen Meister als solchen erkennen. Wer keine Demut und Ehrfurcht hat, dem bleiben Wesen und Lehre des Meisters verschlossen.

Der Meister erkennt den Meister, ja erkennt auch sich ankündigende Meisterschaft. Es würde Lao-tse herabsetzen, wollte man ihm diese Gaben absprechen.

Einen schönen Bericht — man möchte ihn eine Legende nennen — bringt Tschuang-tse. Danach empfing Konfuzius von dem weitaus älteren Lao-tse eine inspirierende, einweihende Belehrung, über die er tief nachdachte. Konfuzius erlebte einen Durchbruch, und als er nach drei Monaten Lao-tse wieder aufsuchte, freute dieser sich über das Gelingen (Bei Chang Chung-Yuan auf S.94).

Bald nach der Rückkehr des Meisters in die Heimat mußte der Herzog von Lu wegen politischer Wirren fluchtartig das Land verlassen. Konfuzius als getreuer Untertan begleitete ihn nach Tji, eben dort lernte er die Schau-Musik kennen. Es wurden auch Gespräche mit dem Herzog Djing von Tji überliefert, der den Meister nach der Kunst des Herrschens fragte. Aber zu einer Reform fand der Herzog sich nicht bereit. Nach einigen Jahren, vermutlich nach dem Tod seines Herzogs, kehrte Konfuzius aus der Verbannung zurück und scheint nun jahrelang in großer Zurückgezogenheit seinen Studien, dem Lernen und Lehren gewidmet zu haben.

Der Meister war wegen seiner Weisheit und Gelehrsamkeit eine geachtete und gefragte Persönlichkeit, jedoch fürchtete man die durchgreifenden Reformen, die ein Mann wie Konfuzius bringen würde. Schließlich aber, im Alter von fünfzig Jahren, in reifer und zugleich vitaler Schaffenskraft, übernahm Konfuzius in seiner Heimat ein Amt, er wurde Statthalter von Dschung-du.

Er war der Ansicht, es sei die Pflicht des Edlen, ein Amt anzunehmen (aus LY 18,2). Das heißt, er betrachtet soziale Stellung, auf welcher Stufe auch immer, als sittliche Verpflichtung.

In seinen Lehren vereinigt er in genialer Weise das demokratische und aristokratische Prinzip. Er erkennt ihre wahre Bedeutung, in der sie nicht im Gegensatz zueinander stehen, sondern einander ergänzen. Das entspricht seiner Lehre von der Stufung. „Vom Himmelssohn bis zum gewöhnlichen Mann gilt dasselbe: Für alle ist die Bildung der Persönlichkeit die Wurzel" (Li Gi, S.47) — die sich bei jedem Einzelnen entsprechend seiner Gaben und seinem Streben vollzieht.

Konfuzius, der so manchen Fürsten beraten hat, übernimmt nun also selbst ein Amt.

Worauf kommt es bei der Regierung an? Regieren ist Rechtmachen; nicht nur im Deutschen gehören diese beiden Worte sprachlich zusammen, sondern im Chinesischen hat man für beides dasselbe Wort: Dscheng.

Rechte Regierung zeigt sich darin, daß das Volk sein Auskommen hat und sittlich wird. Wohlergehen ohne Sittlichkeit ist ein Fluch.

Sittlichkeit (Güte) und Sitte sind die Grundlagen der Regierung, denn sie sind die Grundlage der Menschenbildung, denn sie sind die Grundlage der kosmischen Ordnung. Darum heißt es im Li Gi:

„Die Kraft der Sitte ist es, durch die Himmel und Erde zusammenwirken, durch die die vier Jahreszeiten in Harmonie kommen, durch die Sonne und Mond scheinen, durch die die Sterne ihre Bahnen ziehen, durch die die Ströme fließen, durch die alle Dinge gedeihen, durch die Gut und Böse geschieden werden, durch die Freude und Zorn den rechten Ausdruck finden, durch die die Untertanen gehorchen, durch die die Oberen erleuchtet sind, durch die alle Dinge trotz ihrer Veränderungen nicht in Verwirrung kommen. Weicht man von ihr ab, so geht alles zugrunde. Ja wirklich, die Sitte ist doch das Vollkommenste!" (S.205)

Vollkommenheit bedeutet, vollkommen im Einklang mit dem Willen des Himmels zu stehen, denn — dies sei noch einmal hervorgehoben — Sitte ist im konfuzianischen Sinne ein religiöses Prinzip, ist Ausdruck für die Harmonie zwischen Himmel, Erde und Mensch, die anzustreben dem Wohl jedes Einzelnen und dem der Gemeinschaft dient.

Sittlichkeit und Sitte sind daher die vornehmste Pflicht — „I" — des Menschen. Pflichtgefühl ist eine der Kardinaltugenden in der Lehre des Konfuzius. Rüdenbergs Wörterbuch formuliert zudem Rechtschaffenheit, gerechte Sache, Gemeinsinn, redlich, folgsam, für das allgemeine Wohl, allgemein.

Wenn das hohe Ideal so selten erreicht wird, spricht das erst recht für seine Notwendigkeit.

„Im Altertum waren die Ordner des Weltreiches stets Heilige. Wenn Heilige das Reich haben, so verfinstert sich Sonne und Mond nicht. Die Sterne schießen nicht als Kometen über die Tierkreisbilder. Das Meer ändert seinen Ort nicht. Die Flüsse überschwemmen nicht das Land. Die Wasserläufe und Seen trocknen nicht aus. Die Berge stürzen nicht ein, und die Erde bebt nicht . . . Seit uralten Zeiten beugt sich die Natur vor der Güte. Des Reiches Blüte, des Reiches Bestand beruht auf der Zuverlässigkeit der Güte . . . Man erhebt die Guten, die als gut gerühmt werden, und die Geeigneten, die als geeignet gerühmt werden. Man erbarmt sich des Volkes und gebraucht Gütige, und täglich kommen gütige Gäste mit ihren Ratschlägen herbei." (S. 118)

Die Verantwortung liegt stets bei den Oberen. „Das Volk kann man dazu bringen, dem Rechten zu folgen, aber man kann es nicht dazu bringen, es zu verstehen." (LY 8,9)

Grundlage der Regierung: „Wer sich selbst regiert, was sollte der bei der Regierung für Schwierigkeiten haben? Wer sich selbst nicht regieren kann, was geht den das Regieren anderer an?" (LY 13,13). Denn „wer selbst recht ist, braucht nicht zu befehlen: und es geht. Wer selbst nicht recht ist, der mag befehlen: doch wird nicht gehorcht." (LY 13,6)

„Wenn die Oberen Kultur lieben, so ist das Volk leicht zu lenken." (LY 14,44) „Wo ein Gebildeter weilt, kann keine Roheit aufkommen." (LY 9,13)

Man fragte den Meister nach dem Wesen der Regierung (LY 13,1), er antwortete: „Dem Volk vorangehen (d. h. Vorbild sein) und es ermutigen." Und weiter?

Nicht müde werden!" Nicht erlahmen in der Durchführung der Grundsätze! Sich nicht entmutigen lassen!

Und als der Fürst von Scha den Meister nach dem Wesen der rechten Regierung fragte, antwortete er: „Wenn die Nahen erfreut sind und die Fernen herbeikommen!" (LY 13,16) Eine gute Regierung sorgt dafür, daß das Volk sich wohlfühlt und selbst aus der Ferne vertrauensvoll herbeikommt.

„Der Wohlstand eines Volkes bemißt sich nicht nach seinem materiellen Wohlstand, sondern nach seiner Rechtschaffenheit." (L, S.106)

Man fragte den Meister, wie man handeln müsse, um imstande zu sein, gut zu regieren. Er antwortete:

„Achte die fünf schönen Eigenschaften hoch, und beseitige die vier üblen, dann bist du imstande, gut zu regieren."

Welches sind die fünf schönen Eigenschaften?

„Der Herrscher ist gnädig, ohne Aufwand zu machen; er bemüht das Volk, ohne daß es murrt; er begehrt, ohne gierig zu sein; er ist erhaben, ohne hochmütig zu sein; er ist ehrfurchtgebietend, ohne heftig zu sein."

Was bedeutet das?

„Wenn man die natürlichen Quellen des Reichtums der Untertanen benützt, um sie zu bereichern — ist das denn nicht Gnade ohne Aufwand? Wenn man vorsichtig auswählt, womit man das Volk gerechterweise bemühen darf, und es dann entsprechend bemüht — wer wird da murren? Wenn man Sittlichkeit begehrt und Sittlichkeit erreicht — wie wäre das gierig? Wenn der Herrscher ohne Rücksicht, ob er es mit vielen oder wenigen, ohne Rücksicht, ob er es mit Großen oder Kleinen zu tun hat, nicht wagt, die Menschen geringschätzig zu behandeln — ist das denn nicht erhaben, ohne hochmütig zu sein? Wenn der

Herrscher seine Kleidung und Kopfbedeckung ordnet, auf seine Mienen und Blicke achtet, daß er eine Hoheit zeigt, so daß die Menschen, die ihn sehen, sich scheuen — ist das denn nicht ehrfurchtgebietend, ohne heftig zu sein?"

Und welches sind die vier üblen Eigenschaften?

„Ohne vorherige Belehrung zu töten — das heißt Grausamkeit. Ohne vorherige Warnung die auferlegten Arbeiten fertig sehen zu wollen — das heißt Gewalttätigkeit. Nachlässige Befehle erteilen und doch auf Einhaltung der Zeit bei der Ausführung dringen — das heißt Unrecht. Und schließlich: Wenn man Belohnungen an verdiente Leute gewährt, bei ihrer Verteilung zu geizen — das heißt Kleinlichkeit." (LY 20,2)

Eine Hohe Schule der Menschenführung, über die hier ja nur ein paar Aussprüche gebracht werden können!

„Wenn das Volk Fehler hat, so mögen sie auf mich alleine kommen . . ." (LY 20,1)

Der Meister hatte gesagt: „Wenn nur jemand wäre, der mich verwendete! Nach Ablauf von zwölf Monden sollte es schon angehen, und nach drei Jahren sollte alles in Ordnung sein" (LY 13,10). So groß war seine Zuversicht, die Lehre in die Praxis umsetzen zu können!

Und nun hatte er das Amt des Statthalters angenommen, und sein außerordentlicher Erfolg veranlaßte den Herzog, ihm bald die Verwaltung der öffentlichen Arbeiten im ganzen Lande zu übertragen, und nicht lange danach übertrug er ihm das Amt des Justizministers. (Giä Yü, S.16ff)

Im Giä Yü wird erzählt: „Meister Kung war oberster Richter in Lu und versah gleichzeitig das Amt des Kanzlers. Da er sich darüber erfreut zeigte, fragte ihn Dschung Yu und sprach: ,Ich habe gehört, daß der Edle im Unglück nicht zagt, im Glück nicht jubelt. Wie kommt es, daß Ihr Euch so freut, eine einflußreiche Stellung bekommen zu haben, Meister?' Meister Kung sprach: ,Wohl heißt es so, aber heißt es nicht auch: Man soll sich freuen, wenn man in hoher Stellung anderen dienen kann?'" (S.21)

Von den Maßregeln, die er traf, sagte er : „Für die ganze Welt würden sie taugen, nicht nur allein für Lu." (Gia Yü, S.16)

Innerhalb kürzester Zeit hatte Konfuzius den heruntergewirtschafteten Staat und die verrotteten Verhältnisse durch geordnete Verwaltung und den Einfluß seiner integren Persönlichkeit zum Aufblühen gebracht und bewies so, daß seine hohen Grundsätze und Ziele im Staate durchaus durchführbar sind. Zudem bewies er in Zeiten der Not und Gefahr Mut und Umsicht. Die Kraft und Klarheit kam ihm nicht zuletzt durch das feste Vertrauen, das er in die ihm vom Himmel übertragene Sendung setzte, zu der auch diese politische Wirksamkeit gehörte.

Manche politischen Probleme, vermutlich auch die Genußsucht des Herzogs, setzten das Werk des Konfuzius jedoch aufs Spiel, und als der Herzog heilige Ritualpflichten, das Opfer für den Himmel, nur noch nachlässig vollzog, war für Konfuzius der Augenblick gekommen, sich aus dem öffentlichen Leben zurückzuziehen. Dies der äußere Aspekt seines Rücktritts, der aber zweifellos letztlich entscheidendere innere Gründe hatte, wie sich im Verlauf der weiteren Entwicklung zeigen sollte, indem Konfuzius noch andere große Aufgaben entgegenkamen. Es wäre also voreilig, diesen Rücktritt als Resignation auffassen zu wollen.

Konfuzius war nun sechsundfünfzig Jahre alt und verließ mit seinen Jüngern die Heimat, ging ins Exil. Nach jahrelangem, wechselvollen Wanderleben, in dem manches Schicksal erduldet und gemeistert werden mußte, sagte Konfuzius eines Tages: „Ich muß heim! Ich muß heim! Meine jungen Freunde zu Hause sind übereifrig und großartig, aber sie wissen noch nicht, sich zu mäßigen" (LY 5,21).

Konfuzius war achtundsechzig Jahre alt, als er — ehrenvoll gerufen — nach Lu zurückkehrte. Er wollte jetzt aber nicht mehr selbst in den Staatsdienst eintreten, sondern Männer ausbilden, diese Aufgabe zu erfüllen.

Konfuzius widmete sich nun ganz seinem Werk als Überlieferer der großen heiligen Tradition und unterwies seine Schüler, damit diese es fortsetzen könnten. Es heißt, er habe am Ende dreitausend Schüler gehabt, darunter zweiundsiebzig — zum großen Teil auch namentlich überlieferte — bedeutende Männer, fähig, die Lehre in Leben und Wirken in die Tat umzusetzen und damit eine Ausstrahlung und Fortführung zu gewährleisten, die sich seither bis in unsere Tage bewährt hat.

Mit seinem forschenden und erkennenden Geist und unermüdlichem Fleiß hatte der Meister alles Wissen seiner Zeit durchdrungen und alles nur irgend erreichbare Material des chinesischen Altertums gesammelt, gesichtet, aufgezeichnet, redigiert.

Die Überlieferung der Geschichte hat für ihn nur insofern Sinn, als sie zur Bewältigung der Gegenwart und zum Segen der Zukunft wird.

Konfuzius hat nicht irgendein neues, eigenes philosophisches System oder Sittengesetz gebracht, sondern die klassische, archetypische Weisheit wieder erkannt und erneuert, indem er ihr eine Form gab, die der Zeit und zugleich ihrer Zeitlosigkeit entsprach. Auch dies ein Zug aller „Großen im Geiste", die sich nicht etwa als Neuerer hervortun wollen, sondern die urewigen, grundlegenden Gesetze, die immer wieder im Verlaufe der Zeit in Vergessenheit geraten und entstellt werden, aufs neue ins Licht des Bewußtseins bringen und kraft ihrer Persönlichkeit verwirklichen. „Es gibt nichts Neues unter der Sonne", lehrte Salomo, aber immer wieder gibt es Menschen, die fähig und berufen sind, im Licht der geistigen Sonne die großen Wahrheiten, Lehren und Gesetze aufleuchten zu lassen.

Noch einmal zusammenfassend: Konfuzius erneuerte die Grundlagen der chinesischen Geisteskultur, die dem gesamten chinesischen Leben in allen Bevölkerungsschichten ihr Ideal und ihre Prägung gab und von solcher Kraft ist, daß sie durch alle Wirren der Zeiten doch immer wieder zum Tragen kam und zu Erneuerungen von innen her.

Die Konfuzianer des Alten Chinas bildeten die Bildungsaristokratie, es war die herrschende Klasse, aus der der Nachwuchs für den Staatsdienst, Erziehungswesen etc. kam. Diese konfuzianische Gelehrtenhierarchie zeichnete sich durch den allerhöchsten Ehrenkodex aus, durch das Verantwortungsgefühl, wie es „der Edle" entwickelt. Von hier strahlte die konfuzianische Ethik ins Volk hinein, — zum Wohle aller.

Die fünf klassischen alten Werke, deren Redaktion Konfuzius auf sich genommen hatte, wurden zu den kanonischen Büchern des Konfuzianismus, der gesamten chinesischen Kultur seit jenen Tagen und sind — wie Richard Wilhelm herausstellt — der Thora, den fünf Büchern Mose zu vergleichen:

Das Buch der Urkunden — Schuking
Das Buch der Lieder — Schiking
Das Buch der Wandlungen — Yiking (I Ging)

Frühling und Herbst, Annalen des Staates Lu —
Thschun Thschin
Das Buch der Riten — Liki (Li Gi)

Vier weitere Bücher zählen zum Kanon des Konfuzianismus:

Ethik und Politik — Tahsueh
Einklang (Maß, Harmonie) und Mitte —
Dschung Yung
Die Gespräche — Lin Yü
Die sieben Bücher des Meng-tse (Mencius)

Moses war nicht der alleinige Verfasser der Thora, aber auch nicht einfach nur Kompilator. Dasselbe gilt für Konfuzius in bezug auf die fünf kanonischen Bücher. Er war genialer, schöpferischer, prophetischer Gestalter uralter heiliger Überlieferung. Seine Bearbeitung war inspiriert vom Geist der Heiligen Könige der Vorzeit. Danach kann man das Staatswesen, ja die Welt, allein durch die wirkende Kraft einer sittlichen Persönlichkeit zur Ordnung führen und in Ordnung halten.

Die „Macht der Sittlichkeit als Staatspolitik" und die „Vision einer Idealwelt", die im Wissen um die Göttliche Schöpfungsordnung wurzelt, entsprechen dem Geiste Platos und seiner Forderung nach der „Herrschaft der Besten", und dies kann man als gültige Basis für die Entfaltung aller großen Kulturen bezeichnen. Im Grundsatz der Sittlichkeit liegt seit altersher und für alle Zeiten das Heilmittel der Wirren und Leiden aller Völker und Länder.

Richard Wilhelm sagte daher, Konfuzius sei zum „Retter der Baupläne der alten Kultur" geworden, und damit hat der Meister als einer der „Großen im Geiste" der Menschheitsentwicklung wegweisende Impulse gegeben.

Zwei Abschnitte aus dem I Ging mögen das Werk der heiligen Weisen der Vorzeit beleuchten. Das I Ging ist ein in Jahrtausenden gewachsenes Orakelbuch, dem die Wissenschaft vom Wesen und Leben zugrundeliegt, so gehört zu seiner Struktur unter anderem die Elementenlehre aus materieller und metaphysischer Sicht, sowie die Zahlenmystik. Durch den weisheitsvollen Gebrauch des I Ging konnten (und können) die Seher sich in Einklang mit dem Sinn und Leben des Himmels und der Erde setzen, und dadurch Vergangenheit, Gegenwart und Zukunftsmöglichkeit, sowie die Kräfte und Wege zur Schicksalsmeisterung erkennen. Die moderne Wissenschaft fängt an zu erfassen, daß im I Ging eine dynamische Weltformel dargestellt ist, der auf materieller Ebene der 1953 entdeckte Genetische Code entspricht.*

Aus dem I Ging: „Die heiligen Weisen vor alters machten das Buch der Wandlungen also: Um in geheimnisvoller Weise den lichten Göttern zu helfen, erfanden sie das Schafgarbenorakel . . . Sie betrachteten die Veränderungen im Dunkeln und Lichten (Yin und Yang) und stellten danach die Zeichen fest. Sie erzeugten Bewegungen im Festen und Weichen und ließen so die einzelnen Linien entstehen. Sie brachten sich in Übereinstimmung mit Sinn und Leben (Tao) und stellten demgemäß die Ordnung des Rechten auf. Indem sie die Ordnug der Außenwelt bis zu Ende durchdachten und das Gesetz des eigenen Innern bis zum tiefsten Kern verfolgten, gelangten sie bis zum Verständnis des Schicksals." (S.244)

„Die heiligen Weisen vor alters machten das Buch der Wandlungen also: Sie wollten den Ordnungen des inneren Gesetzes und Schicksals nachgehen. Darum stell-

*Inge von Wedemeyer: „Der Pfad der Meditation", Seite 109, Aurum Verlag, Freiburg 1977

ten sie den Sinn (Tao) des Himmels fest und nannten ihn: Das Dunkle und das Lichte. Sie stellten den Sinn der Erde fest und nannten ihn: Das Weiche und das Feste. Sie stellten den Sinn des Menschen fest und nannten ihn: die Liebe und die Gerechtigkeit . . ." (S.245) Wieder leuchtet die Lehre von den drei Grundprinzipien auf: Himmel, Erde und Mensch.

Konfuzius starb im Jahre 479 v. Chr., zweiundsiebzig Jahre alt. Eine Legende erzählt, wie er seinen Tod vorausgesehen hat: „Der Fürst von Lu fing auf der Jagd ein Kilin, und man tötete es. Dem Kilin, das bei des Konfuzius Geburt erschienen war, hatte seine Mutter einen roten Faden um das Horn gebunden. Das tote Kilin hatte diesen Faden noch immer am Horn." Das heilige Tier, das nur erscheint, wenn ein großer Mann auf Erden lebt, war getötet! Als Konfuzius davon hörte, brach er in Tränen aus: ‚Meine Lehre hat keinen Erfolg! Was tust du da? Ich werde sterben müssen.‘ . . . In jener Zeit schrieb Konfuzius gerade an seinem Buch ‚Von Blüte und Untergang der Staaten‘. Mit diesem Ereignis legte er die Feder weg und schrieb nicht weiter. — Auch träumte ihm, er sitze in einem Tempel zwischen zwei Mittelpfeilern. Da sagte er zu seinen Jüngern: ‚Ich werde sterben müssen.‘" Früh am Morgen ging er vor seiner Tür auf und ab und dichtete und sang ein Lied:

> *„Es stürzt der Große Berg,*
> *Es bricht des Daches First;*
> *Der alte Weise fährt dahin."*

Danach legte er sich hin und stand nicht mehr auf; sieben Tage später starb er.

Er wurde in Kufu, der Hauptstadt des Landes, am Ufer des Flusses Sse beigesetzt, heute liegt dort der Gräberhain Kung-lin. Der Herzog Ai selbst hielt dem Meister

91

eine Grabrede und ließ dort einen Grabtempel — den ersten Konfuzianischen Tempel — errichten, in dem auch
die Mütze, die Feierkleider, die Laute, der Wagen und andere Reliquien des Meisters aufbewahrt wurden. Der
Traum, in dem der Meister sich im Tempel zwischen zwei
Mittelpfeilern sitzen sah, war eine Weissagung der Verehrung, die dem Meister nach seinem Tode und durch die
Jahrhunderte zuteil wurde.

Als der Historiker Sse-ma Tjien, der eine berühmte
Biographie des Konfuzius geschrieben hat, ein Standard-
werk der chinesischen Geschichte (L, S.45), im 2. Jahrhundert v. Chr. die Halle des Grabtempels besucht hatte,
schrieb er voller Ehrfurcht: „Alle, die nach Bildung streben, sehen in ihm ihr Vorbild. Vom Himmelssohn an, den
Königen und Herren, müssen alle, die sich im Reich der
Mitte den Freien Künsten zuwenden, nach dem Meister
sich richten und regeln. Das kann man wohl vollendete
Heiligkeit heißen" (Do-Dinh, S.74). Über die Heiligkeit
des Meisters und deren Auswirkung noch nach seinem
Hinscheiden werden im Volke viele Legenden erzählt.

Und die geschichtliche Überlieferung berichtet:

„Im Jahre 194 v. Chr. kam der Begründer der kaiser-
lichen Han-Dynastie zum Grabtempel, um sich zu vernei-
gen. Damit war die Heiligkeit des Konfuzius anerkannt.
Und seit mehr als zwei Jahrtausenden sind alle Dynastien
diesem Beispiel gefolgt." (Do-Dinh, S.74)

Im 13. Jahrhundert wurde der Konfuzianismus offi-
zielles Staatsrecht, Religion und Sittengesetz.

Im Jahre 1906 wurde Konfuzius offiziell als dem
Himmelsgott gleichwesentlich erklärt „und ihm so eine
Stellung eingeräumt, wie sie Jesus im christologischen
Dogma besitzt" (Friedr. Heiler). Sechs Jahre später,
1911, brach das Kaiserreich zusammen und damit der vom

Kaisertum getragene Reichskult; der altehrwürdige Himmelstempel wurde in eine nationale Gedenkstätte umgewandelt.

Nach dem Zweiten Weltkrieg wurde unter der kommunistischen Regierung der nationale, dem Konfuzius gewidmete Gedenktag abgeschafft. Aber auch Mao Tsetung mahnte seine Getreuen, von Konfuzius ebenso zu lernen wie von Marx und Lenin (F. Heiler).

Längst gibt es neokonfuzianische Strömungen und Schulen, die im Jen, der echten Menschlichkeit, in der Güte und Mitmenschlichkeit, wie der Meister sie lehrte, wieder das unverwüstliche, eingewurzelte und eingeborene Ideal Chinas sehen, das manchen Sturm überlebt hat, sogar die furchtbare Bücherverbrennung im Jahre 213 v. Chr. und die damit verbundene Hinrichtung von 460 Gelehrten, die man lebendig begraben hat.

Im Jahre 1985 ging folgende Notiz durch die deutsche Presse: Zhao Fusan, chinesischer Gelehrter und Mitglied der Politischen Konsultativkonferenz habe erklärt, Religion sei wichtig für die Entwicklung Chinas, sie sei Teil der geistigen Entwicklung jeder Nation und müsse mit mehr wissenschaftlichem Verständnis betrachtet werden. Die Ansicht, Religion sei Opium für das Volk, erweise sich als unwissenschaftlich und unvollständig. Religiöse Werte abzulehnen sei nicht nur unnötig, sondern sogar schädlich.

In der neueren Religionswissenschaft der westlichen Welt werden (seit 1918) Kofuzianismus und Taoismus unter dem Begriff „Universismus" zusammengefaßt, da Sinn und Ziel dieser beiden Hauptrichtungen der chinesischen Religiosität in der Harmonie mit dem Universum, der Harmonie von Himmel, Erde und Mensch liegt. Konfuzianismus und Taoismus haben die eine gemeinsame

Basis, das eine gemeinsame Ziel: das Tao. Der Universismus hat etwa 380 Millionen Anhänger – man darf das auch heute noch annähernd so sehen – und ist damit die zahlenmäßig größte Religionsgemeinschaft der Erde, und ist dabei, sich wieder einmal allen Umstürzen zum Trotz aus den unvergänglichen Wurzeln heraus zu erneuern.

Lange bevor die indische Erlösungsmystik Europa begeisterte, die indische Geisteskultur schließlich zum Indienkult wurde, übte die chinesische Geisteswelt schon eine tiefgehende Faszination auf die Gebildeten Europas aus. Es waren jesuitische Missionare, die schon im 17. Jahrhundert in Paris ein Werk herausgaben, in dem Konfuzius als der Allerweiseste gefeiert wurde. Wichtig ist dabei vor allem, daß man feststellte, seine Lehre stünde keineswegs im Gegensatz zum Evangelium! Man fand in der chinesischen Geistigkeit eine natürliche Theologie, die Leibniz den Wunsch äußern ließ, es sollten nicht nur christliche Missionare nach China reisen, sondern chinesische Missionare nach Europa kommen, auf daß aus dem Gedankenaustausch in wechselseitiger Ergänzung die große Harmonie eines friedlichen Weltreiches entstehen könne. (F. Heiler).

Der Apostel Paulus lehrte:

> *„Es sind mancherlei Gaben, aber ist ein Geist.*
> *Und es sind mancherlei Ämter,*
> *aber es ist ein Herr.*
> *Und es sind mancherlei Kräfte,*
> *aber es ist ein Gott,*
> *der da wirket alles in allen"* –

Worte, die man durchaus auch im Geiste einer universalen Ökumene auslegen kann.

Noch einmal das Wort des Konfuzius:

„Wenn der Himmel diese Kultur nicht vernichten will, was können die Menschen mir dann tun?"
(LY 9,5)

Lebensweisheit und Lebensregel aus dem Lun Yü, den Gesprächen des Konfuzius

Wer den Willen des Himmels nicht anerkennen will, kann nicht hochstehend sein. Wer die Regeln der Sitte nicht achtet, kann keinen gefestigten Charakter haben. Wer nichts weiß von der Macht der Worte, der kann die Menschen nicht verstehen. (20,3)

Der Edle benützt seinen Reichtum, um sein Leben reicher zu gestalten. Der Niedrigdenkende benützt sein Leben, um zu Reichtum zu gelangen.

Der Wissende ist noch nicht so weit wie der Forschende; der Forschende ist noch nicht so weit wie der heiter Erkennende.
Wenn ich mit zwei Menschen zusammen bin, so habe ich sicher einen Lehrer.
Ich suche das Gute heraus und folge ihm und suche das Nicht-Gute, um es zu bessern.

Wenn du allein bist, sei ernst; im Beruf sei achtsam; im Umgang mit anderen gewissenhaft (treu). (13,19)

Trifft man einen, mit dem zu reden es sich verlohnt, und redet nicht mit ihm, so hat man einen Menschen verloren. Trifft man einen, mit dem zu reden sich nicht verlohnt, und

redet doch mit ihm, so hat man seine Worte verloren. Der
Weise verliert weder einen Menschen noch seine Worte.

Tadle nicht die Fehler der anderen;
tadle erst die eigenen. (L, S.126)

Irrlehren anzugreifen, das schadet nur. (2,16)

Einen Fehler begehen und sich nicht bessern,
das erst heißt, einen Fehler begehen. (15,29)

Entschließe dich zum Weg,
bewähre dich in der Tugend,
richte dich nach der Menschlichkeit,
erhole dich am Schönen. (7,6) (Bei Speiser)

Wenn du in einem Lande wohnst, so diene dem Würdigsten
unter seinen Großen und mache dir die Besten unter seinen
Gelehrten zu Freunden. (15,9)

Arm und doch fröhlich sein,
reich und doch die Regeln lieben! (1,15)

Ein einfaches Reisgericht, zum Trinken Wasser, als Kissen
meinen gebogenen Arm – auch dabei kann man fröhlich
sein.
Aber unrecht erworbener Reichtum oder unrecht erwor-
bene Ehren sind für mich nur flüchtige Wolken. (7,15)

Die jungen Leute sollen zu Hause gute Söhne sein, in Ge-
sellschaft höflich und ehrerbietig; in ihrem Betragen sollen
sie behutsam und zuverlässig sein, die anderen lieben und
sich den gütigen Menschen anschließen. Wenn sie dies alles

gelernt haben und noch über genügend Energie verfügen,
sollen sie Bücher lesen. (Lin S.139)

Man soll den Eltern außer durch Erkrankung keinen Kum-
mer machen. (2,6)

Daß Knospen nicht zu Bluten werden,
ach, das kommt vor!
Daß Blüten nicht zu Früchten werden,
ach, das kommt vor! (9,21)

Ehrerbietung ohne Einhaltung der Form wird zu Krieche-
rei. Vorsicht ohne Einhaltung der Form wird zu Ängstlich-
keit. Mut ohne Einhaltung der Form wird zur Auflehnung.
Aufrichtigkeit ohne Einhaltung der Form wird zu Grob-
heit. (8,2)

Wer bei Aussicht auf Gewinn an Gerechtigkeit (Pflicht)
denkt, wer im Anblick der Gefahr bereit ist, sein Leben zu
opfern, wer ein altes Versprechen nicht vergißt, wer all dies
tut, der könnte wohl für einen guten (vollkommenen) Men-
schen angesehen werden. (14,13)

Es gibt dreierlei Freuden, die von Nutzen sind und dreierlei
Freuden, die von Übel: Freude an der Selbstbeherrschung
und den Harmonien der Musik; die Freude, Gutes von an-
deren zu reden; Freude an würdigen Freunden: das ist von
Nutzen.
Freude an Luxus (ausschweifender Musik), Freude am
Umherstreichen, Freude an Schwelgerei: das ist von Übel.
(16,5)

Wer Geist (Tugend, Te) hat,
hat sicher auch das rechte Wort;

aber wer Worte hat,
hat darum noch nicht notwendig Geist (Tugend).
Der Gütige hat sicher auch Mut,
aber der Mutige ist noch nicht notwendig gütig. (14,5)

Ohne Güte (Jen) kann man nicht dauernde Bedrängnis er-
tragen, noch kann man langen Wohlstand ertragen.
Der Gütige aber findet in der Güte Frieden,
der Weise achtet Güte für Gewinn. (4,2)

Der Meister

Von Meister Kung heißt es im Lun Yü: Er war „in seinem Wesen mild und doch würdevoll. Er war Ehrfurcht
gebietend und doch nicht stolz. Er war ehrerbietig und
doch selbstbewußt." (7,37)

Wenn er „unbeschäftigt" war, wie man so sagt, war er
heiter und leutselig (7,4), auch zu Scherzen aufgelegt. In
seinem Heimatorte war er „in seinem Wesen von an-
spruchsloser Einfachheit, als könne er nicht reden. Im
Tempel und bei Hofe dagegen sprach er fließend, aber mit
Überlegung." (10,1)

Der Meister kannte keine Vorurteile und war frei von
Starrsinn und Selbstsucht (9,4); denn „der sittliche
Mensch paßt sich den Umständen des Lebens an" (L,
S.81). Im Tschung Yung heißt es von Konfuzius: „Während er danach trachtet, die höchste Erkenntnis zu gewin-
nen, paßt er doch sein Benehmen dem Mittelwege an", d.
h. er befolgt die Gesetze und Gebräuche des Gemein-
schaftslebens, der allgemeinen Sitte und Sittlichkeit.
(L, S.91)

Und schließlich heißt es (L, S.95), daß allein ein sittlicher Mensch, dadurch, daß er ein Leben einfacher Wahr-

heit und Ernsthaftigkeit führt, Frieden und Ordnung in die Welt bringt. Er macht auch keinen großen Lärm und erregt nicht unnötig Aufsehen.

Jemand versuchte, Konfuzius herabzusetzen, worauf dessen Schüler Tsekung antwortete: „Es hat keinen Sinn. Man kann Konfuzius nicht verächtlich machen. Andere große Männer sind wie Berg und Hügel, deren Gipfel sich erreichen läßt – Konfuzius aber ist unerreichbar wie der Mond oder die Sonne. Man kann wohl seine Augen schließen, um die Sonne oder den Mond nicht zu sehen, was aber kümmert dies Sonne oder Mond? Ihr versucht nur etwas Unmögliches." (L, S.115)

„Der Meister war milde, einfach, ehrerbietig, mäßig und nachgiebig, dadurch erreichte er es" (aus 1,10). Seine „Nachgiebigkeit" ist nicht etwa Schwäche, sondern entspricht dem Wort des Lao-tse: „Dies wird subtile Erleuchtung genannt: Das Weiche, Schwache besiegt des Harten und Starken Widerstand" (aus Kap. 36). Mit Nachgiebigkeit ist gemeint: Das Yin und Yang in Harmonie bringen und halten.

Als jemand den Fürsten von Scha auf die Frage nach Kung keine Antwort geben konnte, sagte der Meister nachher: „Warum hast du nicht einfach gesagt: Er ist ein Mensch, der in seinem Eifer um die Wahrheit das Essen vergißt und in seiner Freude am Erkennen alle Trauer vergißt, und nicht merkt, wie das Alter herankommt!" (LY 7,18)

Wie alle bedeutenden Menschen, so zeichnet auch den Meister Kung Bescheidenheit und Demut aus, – die große Tugend der scheinbaren Schwäche.

Der Meister sagte: „Dreifach ist der Weg des Edlen. Ich bin noch nicht imstande gewesen, ihn zu gehen. In seiner Güte wird er nicht von Sorge beengt, in seiner Weisheit wird er nicht von Zweifeln beirrt, in seinem Mut wird er nicht von Furcht gehemmt" (14,30). Die Antwort des Schülers lautet: „Aber Meister, das ist ja eine genaue Beschreibung von Euch selbst!" (L, S.112)

Ein andermal: „Ich bin nicht so eingebildet, mich für einen weisen, echten Menschen zu halten. Ich gebe jedoch zu, mich fortgesetzt gemüht zu haben, mein Bestes zu tun und andere zu lehren." (7,33 bei L, S.113)

Die Meister sind Übermenschen, man könnte auch sagen „wahre Menschen", dabei bemüht, so als Mensch unter Menschen zu leben, zu sprechen, zu wirken, wie es ihrer Aufgabe entspricht und wie sie die Menschen erreichen können, die ihnen anvertraut sind, auf daß sie ihnen nachfolgen können. Daher ist ihr Auftreten und ihre Wirkung so unterschiedlich; und für den „gewöhnlichen Sterblichen" ist es nicht möglich, sie zu beurteilen; in ihren Augen scheinen sie einander sogar oft zu widersprechen.

Als Lehrer war Konfuzius streng und gütig zugleich. Die Güte des Meisters liegt in seinem Verstehen, mit dem er den Schüler auf den Stufen der Entwicklung begleitet; die Strenge liegt darin, daß er selbst nicht einen Augenblick vom Wege abweicht.

Im 18. Kapitel des Li Gi heißt es: „Ein Lehrer ist ja bloß ein Mensch, der versucht, das Gute in seinen Schülern zur Entfaltung zu bringen und ihren Schwächen abzuhelfen." (L, S.164)

Konfuzius lehrte und betonte vier Dinge: Die Kunst, das Betragen, die Verwirklichung des wahren Selbst (Gewissenhaftigkeit) und Redlichkeit in menschlichen Beziehungen. (LY 7,24)

Der Meister lehrte unermüdliche Selbstprüfung. Ein Schüler berichtet: „Ich stelle täglich drei Fragen an mich selbst: War ich in dem, was ich für andere tat, auch wirklich gewissenhaft? War ich meinen Freunden gegenüber vollkommen aufrichtig? Habe ich alle Lehren, die mir zuteil wurden, auch tatsächlich befolgt?" (LY 1,4)

Lernen bedeutet das Studium der Prinzipien des Lebens und deren praktische Anwendung, das heißt, die richtige Lebensführung.

Grundlage des Lernens ist die Charakterbildung.

„Ein Edler, der beim Essen nicht nach Sättigung fragt, beim Wohnen nicht nach Bequemlichkeit, eifrig im Tun und vorsichtig im Reden ist, sich denen, die Grundsätze haben, naht, um sich zu bessern: der kann ein das Lernen Liebender genannt werden." (LY 1,14)

Zwischen Lehrer und Schüler muß eine grundsätzliche Übereinstimmung im Wesentlichen bestehen; die Zielsetzung muß zusammenstimmen, damit eine Belehrung möglich ist.

„Wer nicht strebend sich bemüht, dem helfe ich nicht voran; wer nicht um den Ausdruck ringt, dem eröffne ich ihn nicht. Wenn ich eine Ecke zeige, und er kann es nicht auf die drei anderen übertragen, so wiederhole ich nicht." (LY 7,8)

Man wirft den Samen der Lehre nicht freiwillig auf das Steinige. Auch sind nicht nur der Bereitwilligkeit und Strebsamkeit Grenzen gesetzt, sondern auch der Aufnahmefähigkeit, die „nachsichtig" zu berücksichtigen sind.

Man sagte vom Meister – mit Recht – er habe geheimes Wissen. Wie aber lautete sein Kommentar? „Ich habe kein geheimes Wissen. Wenn ein ganz gewöhnlicher Mensch mich fragt, ganz wie leer, so lege ich es von einem Ende zum anderen dar und erschöpfe es" (LY 9,7). Was der Frager versteht, versteht er, was er nicht versteht, bleibt ihm Geheimnis. Im allgemeinen weiß man nicht, daß man nicht weiß, nicht versteht.

„Was man weiß, als Wissen gelten lassen, was man nicht weiß, als Nichtwissen gelten lassen, das ist Wissen." (LY 2,17)

Wenn man den Meister verstünde, wäre er nicht der Meister.

Lao-tse schreibt:

> *„Meine Worte sind*
> *Sehr leicht zu verstehen*
> *Und sehr leicht auszuführen.*
> *Doch im ganzen Reich*
> *Vermag niemand, sie zu verstehen,*
> *Vermag niemand, sie auszuführen.*
> *Mein Wort hat einen Ahn,*
> *Mein Wort hat einen Herrn.*
> *Wohl! Nur weil man sie nicht kennt,*
> *Versteht man auch mich nicht." (Aus Kap. 70)*

Der Ahn, der Herr, das Tao!

In einem Kapitel, in dem es um die Erleuchtung geht, sagt Lao-tse: „Des Landes wirksamstes Gerät darf man den Menschen nicht zeigen" (aus Kap. 36), dieses „Gerät" ist das Licht, das der Schüler noch nicht ertragen könnte, ohne zu erblinden.

Konfuzius sagte: „Der Edle ist betrübt über seine Unzulänglichkeit. Er ist nicht betrübt, daß die Menschen ihn nicht verstehen." (LY 15,18)

„Nicht kümmere ich mich, daß die Menschen mich nicht kennen. Ich kümmere mich, daß ich die Menschen nicht kenne" (1,16), denn der Meister ist ja auf der Erde, um sie zu verstehen und ihnen den Pfad zu weisen, indem er ihn vorlebt und Worte findet, die sie an- und aufnehmen können.

In seiner durchschauenden Menschenkenntnis sieht der Meister, wovon ein Mensch bestimmt ist und welchem Ziel er zustrebt, wes Geistes Kind er ist. „Schaue auf die Taten eines Menschen; schaue auf seine Beweggründe; prüfe, worin er Befriedigung findet. Wie kann ein Mensch da sein inneres Wesen verbergen?" (LY 2,10)

Ist das Ziel eines Menschen noch vorwiegend das „Weltessen", – der Meister wird es erkennen. Wendet der Mensch sich schon dem wahren Ziel zu, dem Tao, – der Meister wird es erkennen und jeweils die entsprechenden Impulse geben.

Der Meister lehrt ja nicht durch Moralpredigten oder gar „Standpauken", sondern durch positive, geistige Psychologie. Das heißt durch Seelenkenntnis und Seelenführung, durch Belebung des Innenlichtes. Dafür sind die Worte nur ein Fahrzeug, ja dazu bedarf es letztlich keiner Worte, sondern der zeugenden und überzeugenden geistigen Impulse. Konfuzius nennt es „ganz im Stillen die Wahrheit würdigen", und fährt fort: „immerfort lernen und die anderen lehren – das ist mein Bestreben!" (LY 7,2)

Ganz im Stillen die Wahrheit (das Tao) würdigen.", denn der Meister „trägt im Herzen das Kleinod" (aus Kap.70), wie Lao-tse sagt.

Der Meister kennt die Not und die Grenzen der Menschen; er versteht, darum kann er führen. Er kennt die Kluft zwischen Ideal und Leben, und doch ist es notwendig das hohe Ideal und Vorbild, das die Entwicklung zum Guten und Heilsamen fördern kann.

„Sich eng an das Gute halten, ist etwas Herrliches! Wer wäre wohl weise zu nennen, der wählen kann und nicht das Gute wählt?" (LY 4,1, Übers. H. O. H. Stange). Und Richard Wilhelm übersetzt, gleichsam kommentierend: „Die schönste Lebensstellung ist eine, durch die man am Gesamtwohl arbeitet. Töricht, wer ohne Not eine Lebensstellung ergreift, in der er nicht zum Wohl der Menschen wirken kann."

Und Meng-tse schrieb später: „Was ist mir ein Gehalt von zehntausend Malter Reis, wenn es gegen meine Grundsätze geht!" (L, S.188)

Der Meister ist nicht enttäuscht, wenn die Schüler menschlich-allzumenschlich denken und handeln; er fragt sich sogleich, was hier zu tun ist. Und ganz bestimmt war Konfuzius nicht verbittert, wie manchmal von Kommentatoren behauptet wird, denn er kennt die menschliche Natur und ihre so schwer zu überwindenden Schwächen. Er sieht völlig klar und realistisch die Dinge wie sie sind, und das gibt seinem Idealismus die natürliche Basis.

„Von anderen nicht erkannt und doch nicht verbittert werden, ist man dann nicht erst recht ein Edler?" (LY 1,1)

Das Schicksal aller „Großen im Geiste" ist schwer, ihr Weg auf dem Kampfschauplatz Erde von Mühe und Leid gezeichnet. Für jeden von ihnen ist das irdische Leben eine Kreuzigung, die sie freiwillig auf sich nehmen, um den Menschen beizustehen und ihnen den Weg zu weisen. Die Berufung und das absolute Gottvertrauen geben ihnen die Kraft dazu.

Konfuzius sagte:

> *„Ich habe meinen Beruf vom Himmel,*
> *(der Himmel gab die Tugend, die in mir ist)*
> *was können mir Menschen antun?!" (LY 7,22)*
> *„Befände sich der Erdkreis in Ordnung,*
> *so wäre ich nicht nötig, ihn zu ändern." (LY 18,6)*
> *„Wenn ich eines Morgens vernähme, daß die Welt*
> *in Ordnung sei, würde ich ohne Bedauern am selben Abend zum Sterben bereit sein." (LY 4,8)*

Der Meister ist der Priester, der schweigend den Gottesdienst vollzieht, indem er ständig das Opfer seines Lebens darbringt.

Einmal fragte jemand Konfuzius, der in großer Not war, wie es möglich sei, daß sogar er in solches Unglück komme, „vorausgesetzt, daß der Satz wahr ist, laut dessen der Himmel den Tugendhaften durch Verleihung von Glück belohne und den Schlechten durch Verhängung von Unglück bestrafe!

Das ist die typische Frage eines „Weltlings", der nur aus der Sicht des Diesseits urteilt und den Menschen an seinem irdischen Gelingen und Mißlingen, auch an seiner physischen Gesundheit und Krankheit mißt. Gelingen in dieser Welt kann aber durchaus ein Mißlingen in den geistigen Welten sein, und scheinbares irdisches Mißlingen ein wahrer Sieg.

Konfuzius antwortete: „Erstens dringen die Weisen nicht immer durch in der Welt. Die Geschichte hat das Andenken einer großen Zahl von Männern bewahrt, die durch ihre Tugend berühmt waren und dennoch ein tragisches Ende fanden. Das einzige, worüber der Mensch Meister ist, ist sein eigenes Herz. Erfolg und Mißerfolg hängt von den Umständen ab. Zweitens gibt es viele Fälle, in denen wir solche Menschen, die sich in verzweifelten Umständen befanden, späterhin zu der höchsten Bestimmung aufsteigen sehen. Man kann daher nicht sagen, daß äußeres Unglück immer ein Übel ist. Es ist häufig nur eine Probe, aus der der Charakter gestählt hervorgeht. Endlich haben die Zeitumstände, unter denen man lebt, einen großen Einfluß auf das Leben des Einzelen. Wer unter einem weisen Herrscher zu den höchsten Ehren gelangt, würde vielleicht zum Tode verurteilt sein, wenn er am Hof eines Tyrannen gelebt hätte. Glück und

Unglück sind daher in keiner Weise ein Maßstab für den inneren Wert eines Menschen." (Aus der klassischen Biographie des Konfuzius von Ssema Tjien, der um 100 v. Chr. lebte. Lin, S.59 und R. Wilhelm S.24) Hierzu noch ein Wort des Meisters Kung:

> *„Wenn in einem Land Ordnung herrscht,*
> *so ist Armut und Niedrigkeit eine Schande.*
> *Wenn in einem Land Unordnung herrscht,*
> *dann ist Reichtum und Ansehen eine Schande."*
> *(LY 8,13)*

Konfuzius geht es darum, das Zusammenleben der Menschen so zu gestalten, daß es dem Gesetz der göttlichen Weltordung entspricht und dadurch zum Glück aller führen kann, – auch wenn dieses Ziel eine Utopie zu sein scheint.

Ein Taoist und Eremit sagte einmal: Kung – „ist das nicht der Mann, der weiß, daß es nicht geht, und dennoch weitermacht?!" (LY 14,41)

> *Konfuzius, Meister der Güte und*
> *Mitmenschlichkeit,*
> *Meister der Pflicht und der Tugend,*
> *Meister der Sitte und Sittlichkeit,*
> *Meister der Lebensweisheit und Nächstenliebe!*

Konfuzius lehrt die Kultur der Persönlichkeit, die Erziehung und Selbsterziehung zum edlen Menschen.

Darum sagt der Meister vom Wesen der Selbstbemeisterung, der Güte und Schönheit:

„Sich selber überwinden und sich den Gesetzen der Schönheit zuwenden: dadurch bewirkt man Güte. Einen Tag sich selbst überwinden und sich den Gesetzen der Schönheit zuwenden: so würde die ganze Welt sich zur Güte kehren. Güte zu bewirken, das hängt von uns selbst

ab; oder hängt es etwa von den anderen Menschen ab?
... Was nicht dem Gesetz der Schönheit entspricht, darauf
schaue nicht. Was nicht dem Gesetz der Schönheit entspricht, darauf höre nicht. Nichts rede, was nicht dem Gesetz der Schönheit entspricht. Nichts tue, was gegen das
Gesetz der Schönheit verstößt." (LY 12,1)

Bemüht, den Gesetzen des Himmels zu folgen, war
das Leben des Konfuzius ein ständiges Gebet (LY 7,34).
Aber er sprach nicht gerne von Gott, vom Obersten Himmelsherrn (Di), sondern zog die Metapher „Himmel"
(Tien) vor.

Als jemand Konfuzius nach den letzten Dingen
fragte, antwortete er ausweichend:

„Wenn man noch nicht das Leben kennt,
wie sollte man den Tod kennen!" (LY 11,11)

Er lehnte alle Spekulationen ab, denn wer sieht, der
sieht, und wer nicht sieht, den sollte man dabei belassen,
bis er eines Tages selber sieht, andernfalls nährt man in
ihm wohlmöglich Schwärmereien und Fehlvorstellungen,
die seinen Weg blockieren.

Da Konfuzius also nicht gerne vom Leben nach dem
Tode sprach, gibt es in der westlichen Welt bislang nur wenige, die, wie Richard Wilhelm, „den mystischen Zug des
innersten Wesens des Meisters," erkennen, den er mit allen „Großen im Geiste" gemein hat, denn sie sind „von
oben", wie es Jesus von sich sagt, während der gewöhnliche Mensch „von unten" ist. Das heißt, der Meister ist
vom Himmel; aber der gewöhnliche Mensch ist von der
Erde, zwar hat er die irdische Geburt schon erlebt, aber
noch nicht die zweite Geburt, die Geburt aus dem Geiste.

Die Meister leben aus dem Tao. Sie wirken aus einer
anderen Dimension, aus der Dimension des Heiligen, in
die Welt hinein. Sie sind, wie man es auch nennt, anders

„gepolt", d. h. ihr Bewußtsein ist im „Himmel" verankert, während das Bewußtsein des gewöhnlichen Menschen noch im Irdischen verankert ist. Darum verstehen die Meister alle Menschen, können aber von den gewöhnlichen Menschen nicht verstanden werden. In der dankbaren Verehrung der Meister hat man jedoch teil an ihrem Licht, soweit es einem schon zuträglich ist.

Im Li Gi (S.278) heißt es, daß es eine Atemseele (Hun Ki) und eine Körperseele (Hing Po) gibt. Die Atemseele kehrt nach dem Tode zum Himmel zurück, die Körperseele zur Erde. Dieser Zwei-Seelen-Lehre des Konfuzianismus entspricht das Wort im Prediger Salomo: „Denn der Staub muß wieder zu der Erde kommen, wie er gewesen ist, und der Geist wieder zu Gott, der ihn gegeben hat." (12,7)

Das Ziel aber ist, Himmel und Erde in der Einheit zu erfahren. Das ist natürlich nicht nur die Lehre des Konfuzius, sondern ist die klassische mystische Lehre von der Wiedervereinigung von Himmel und Erde, von der der Christ sagt: „Die Erde wird zum Himmelreich."

Lao-tse sagt: Am Ende kehrt jedes Wesen „heim zu seinem Wurzelgrund". Und weiter, im 16. Kapitel des Tao-Te-King:

„Das Ewige kennen heißt: erleuchtet sein.
Wer nicht das Ewige kennt,
Schafft sinnlos Unheil;
Wer das Ewige kennt, ist duldsam.
Duldsam ist aber: unbefangen;
Unbefangen ist aber: allumfassend;
Allumfassend ist aber: himmlisch;
Himmlisch ist aber: der Weg (Tao);
Der mit dem Weg aber dauert;
Sinkt hin sein Leib, ist er ohne Gefahr."

Konfuzius sagt: „Ich murre nicht wider den Himmel und grolle den Menschen nicht; ich strebe hier unten nach Erkenntnis, doch dringe ich empor zu dem, was droben ist. Einer ist's, der mich kennt: der Himmel." (LY 14,37)

Einmal fragte Konfuzius einen seiner Schüler: „So hältst du mich wohl für einen, der vieles gelernt hat und es auswendig kann?" War das bei der umfassenden Gelehrsamkeit des Meisters nicht naheliegend? Und der Schüler antwortete: „Ja, ist es nicht so?"

Konfuzius aber sagte: „Es ist nicht so; ich habe Eines, um alles zu durchdringen!" (LY 15,2)

Eben das ist Meisterschaft! Aus der Einheitsschau richtet der Erleuchtete den Lichtstrahl seines hohen Bewußtseins auf das, was er sehen und erkennen soll und möchte, und so schaut und versteht er und vermittelt Kraft und Einsicht.

Hierzu gibt es unter anderem auch in der Bhagavad Gita, der indischen Überlieferung, eine eindrucksvolle Parallele. Es wird dargestellt, wie Gott Krishna den edlen Menschen, Arjuna, belehrt und sagt:

> *„So wisse denn: wenn dein Gemüt beständig*
> *Auf Mich gerichtet ist, o teurer Prinz!*
> *Wenn du mit voller Kraft das Yoga übst*
> *Und deine Zuflucht immer nimmst in Mir,*
> *so wirst du sicherlich zu Mir gelangen.*
> *Dann werde ich dich Meine Weisheit lehren*
> *Und die Gesetze der Erscheinungswelt.*
> *Was Ich dich lehre, wird, wenn du's erkannt,*
> *Dir weiter nichts zu lernen übrig lassen." (7. Ges.,*
> *V.1-2)*

Gotteserkenntnis – Erkenntnis des Tao – ist die Voraussetzung für wahre Menschenkenntnis und Welterkenntnis. Und doch, und gerade darum sagen die Meister: „Ich weiß, daß ich nichts weiß!"

Der Mensch umkreist „Die große Frage". Tschuang-tse schreibt:

> *„Kreist nicht der Himmel?*
> *Steht nicht die Erde fest?*
> *Wechseln nicht Sonne und Mond einander ab?*
> *Wer ist es, der sie lenkt?*
> *Wer ist's, der sie zusammenhält?*
> *Wer ist's, der sie still und ohne Mühe antreibt*
> *und in Gang erhält?*
> *Manche meinen, eine geheimnisvolle Kraft*
> *bewirkt, daß sie nicht anders können.*
> *Manche meinen, es sei ein ewiger Kreislauf,*
> *der von selbst nicht stille stehen könne.*
> *Die Wolken lassen es regnen,*
> *der Regen läßt Wolken sich bilden.*
> *Wer aber ist's, der sie herniedersendet?*
> *Wer ist's, der still und ohne Mühe*
> *sie ihren Segen spenden läßt?*
> *Der Wind erhebt sich im Norden,*
> *bald weht er nach Westen, bald nach Osten,*
> *bald wieder steigt er auf im Wirbel.*
> *Wer ist es, der ihn wehen läßt?*
> *Wer ist's, der ihn still und ohne Mühe*
> *weithin wehen läßt..."* (S.44)
> *„... der Geist durchdringt den Raum*
> *und strömt bis ins Unendliche,*
> *er dringt nach oben bis in den Himmel*
> *und umkreist nach unten die Erde,*
> *er gestaltet und nährt alle Wesen,*
> *für ihn gibt es gar kein Gleichnis.*
> *Sein Name aber ist Gott gleich."* (S.51)

Auch in folgenden hymnischen Versen aus dem „Buch der Lieder", also ursprünglich einem vorkonfuzianischen Text, der dank des Meister Kung zum Kanon gehört, kommt der „Gottesglaube" der Chinesen zum Ausdruck:

> *„Erhaben ist der höchste Herr*
> *Und schaut herab in hehrer Macht.*
> *Er blickte forschend auf das Reich,*
> *Ob Ruh den Völkern sei gebracht..."*
> *(Bei Do-Dinh, S. 105)*

Anrufung und Verehrung des Obersten Himmelsherrn (Di)!

Man hat im Abendland sogar Zweifel angemeldet, ob der Konfuzianismus als Religion bezeichnet werden kann. Das hat seine Ursache in einer eingeengten Definition des Begriffes Religion, die ausschließlich gewisse Kriterien und Vorstellungen der christlichen Kirche gelten lassen will.

Hingegen definiert der Religionswissenschaftler Gustav Mensching folgendermaßen:

„Religion ist Begegnung mit heiligen Mächten und antwortendes Handeln des vom Heiligen bestimmten Menschen." Danach ist Religion eine innere Erfahrung, die jedem Menschen, gleich in welcher Konfession er erzogen wurde, möglich ist. In den Kommentaren zum Zweiten Vatikanischen Konzil (1962-65), das unter dem Motto „Einheit der Menschheit" stand, heißt es: „Sich in ihre eigene Wahrheit vertiefend, erlebt die Kirche eine große Wende: Zum ersten Mal sieht sie den Widerschein der Wahrheit in anderen Religionen." Seither breitet sich unter Wissenschaftlern, auch Theologen, sowie Laien immer mehr die Gesinnung aus, die eines Tages zu einer umfassenden Ökumene führen wird, in der aus dem Geist der

Einheit, der Gemeinsamkeit und der Anbetung die Vielfalt der Bekenntnisse und Formen gewürdigt werden kann.

Konfuzius sagte: „Einem Menschen, der sich in seinem Herzen glücklich und wohl fühlt, wenn er die Grundsätze echten Menschentums nachlebt, erscheint die ganze Menschheit wie ein einziger Mensch." (Aus dem Li Gi, Kap.32)

Chinesische Weisheit lehrt:

„Solange du dem anderen sein Anderssein nicht verzeihen kannst, bist du noch weit ab von der Weisheit."

Gustav Mensching zählt sowohl Lao-tse als auch Konfuzius unter die „Söhne Gottes", entsprechend dem Wort des Apostel Paulus in den Römerbriefen, das, richtig übersetzt, lautet:

> *„Die vom Geiste Gottes getrieben werden,*
> *die sind Söhne Gottes." (8,14)*

Ihre Aufgabe besteht darin, den Menschen Wegweiser und Wegbereiter zu Gott zu sein.

Die Lehrweise ist mystisch, so rational sie auch zu sein scheint, wenn es sich um die Gebote, um die ethischen Verpflichtungen handelt, die in allen Religionen und esoterischen Schulen die notwendige Basis bilden. Es ist „Diesseitige Lebensweisheit", die sich am „Jenseits", am Himmel, orientiert; sie ist transzendenzoffen.

In dem klassischen chinesischen Weisheitsbuch „Das Geheimnis der Goldenen Blüte" heißt es: „Alle Heiligen haben es einander hinterlassen, daß ohne Kontemplation nichts möglich ist. Wenn Kungtse sagt: 'Das Erkennen ans Ziel bringen' oder Sakya es nennt: 'Die Schau des Herzens' oder Lao-tse sagt: 'Inneres Schauen', so ist das alles dasselbe (S. 114)." Und im Neuen Testament wird es das Öffnen der Augen oder Auftun des Herzens genannt.

„Der ganze Weg ist letztlich ein charismatischer" (Rousselle). Die wunderbare Anziehung, die vom Meister ausgeht, beruht auf seinem hohen Charisma. Im Schüler wird, mit oder ohne begleitende Worte, das Innenlicht entzündet, oder wie es in der chinesischen Überlieferung heißt: der „Kreislauf des Lichtes" wird in Gang gesetzt. Diese Initiation gibt der Meister aber nur demjenigen, der die richtige Gesinnung anstrebt, weil der Schüler sonst die sich entfaltenden Kräfte nicht zum Guten einsetzt und sich damit auch selbst zerstört.

Die Tiefe jeder Religion ist Mystik, denn sie ist Einbruch des Unnennbaren, Erleben des Unbeschreiblichen, Verehrung des Namenlosen. Davon heißt es in einem alten taoistischen Text: „Wenn man von diesem geheimnisvollen Geheimnis das wirkliche Geheimnis verstanden hat, so gibt es kein Geheimnis außer diesem Geheimnis!" (Rousselle, S.167)

Tao – das ist der Weg zum Ewigen Leben und ist dieses Ewige Leben selbst.

Pflege des Tao – Werden des Tao – Sein des Tao – das ist der Weg.

Auf diesem Weg gibt es zwei Weisen, zwei Formen der Askese, die einander entgegengesetzt zu sein scheinen: Weltoffenheit und Weltflucht. Man lebt mitten in der Welt, oder man zieht sich völlig aus ihr zurück, – und dazwischen gibt es die verschiedensten, man möchte sagen individuellen Mischformen. Von Anfang an hat der Wegschreiter die oft recht schwere Aufgabe, das rechte, seinem Schicksal und seiner Persönlichkeit entsprechende Maß zu finden.

Konfuzius und Lao-tse repräsentieren die beiden extremen Positionen dieser Weisen, den Weg zu gehen. In der Überlieferung des vorderen Orients entspricht Lao-tse der Wesensart Jesu Christi, Konfuzius der des Mohammed und Mose.

Mitten in der Welt leben oder in der Einsamkeit! Beide Formen sind notwendig und sind ebenso ineinander verschmolzen wie Yin und Yang.

Konfuzius und Lao-tse sind die beiden „Söhne Gottes", die Dioskuren, die dieses Yin und Yang verkörpern. Eine gewaltige Schicksalsstunde der Menschheit, als sie beide, gleichzeitig, im „Reich der Mitte" lebten und lehrten! Der eine wie der andere ist nur in diesem Miteinander, nicht aber im Gegensatz und Gegeneinander zu verstehen.

Meng-tse bezeichnete Konfuzius als den „Heiligen der rechten Zeit". Alle Meister sind letztlich Heilige der rechten Zeit, denn sie bringen eben die Lehre, die in jener Epoche notwendend ist. Sie treten auf den Plan, wenn die Not und Ratlosigkeit überhand nimmt und die Menschen sich mit ihrer Bitte um Rettung an den Himmel wenden.

Ein chinesischer Philosoph schrieb einst:

> *„Jeder hat in seinem Herzen einen ‚Konfuzius',*
> *Manchmal sichtbar, manchmal verhüllt.*
> *Sagen wir ohne Umschweife, um was es da geht:*
> *Um das eingeborene Wissen und nichts anderes. "*
> *(Bei Do-Dinh, S. 158)*

Ehrfurcht vor dem Obersten Himmelsherren, vor dem Unerforschlichen, läßt im Herzen die eingeborene Göttliche Ordnung, den Willen Gottes aufleuchten. Ehrfurcht ist die Vorbedingung für alles Erkennen und Tun. Und Achtung vor den Mitmenschen ist die natürliche Folge, Achtung auch vor dem „Unwürdigen" – der nicht zuletzt man selber ist. Jeder eine Zelle in diesem Weltenstaat Gottes! Das führt zu echter Menschlichkeit, führt

zum Sieg des Königspfades, von dem – es sei wiederholt,
Konfuzius sagt:

> *„Die größte Güte ist es,*
> *die Menschen zu lieben . . .“ (Li Gi, S. 222)*

„Das Ziel des Edlen ist das Tao“

Literatur

Die BHAGAVAD GITA oder das Hohe Lied, enthaltend die Lehre von der Unsterblichkeit. Übers. Franz Hartmann, Schatzkammer Vlg. München

CHANG CHUNG-YUAN: „Tao, Zen und schöpferische Kraft" Diederichs Vlg, DG 30, Köln 1963/1985

CHENG MAN-CH'ING: „T'ai-Chi", Charles E. Tuttle Co, Rutland, Vermont 1967

CHINESISCHE MÄRCHEN, Eugen Diederichs Verlag 1985

CHRISTIE, Anthony: „Chinesische Mythologie" Emil Vollmer Vlg., Wiesbaden 1968

DELIUS, Rudolf v.: „Kungfutse", Reclam 1930

DO-DINH, Pierre: „Konfuzius" Rororo 1960

EBERHARD, Wolfram: „Lexikon der Chinesischen Symbole" Eugen Diederichs Vlg., Köln 1983,1985

Das „GEHEIMNIS DER GOLDENEN BLÜTE", Übers. u. erl. v. Richard Wilhelm, Rascher Vlg., Zürich 1957

GRANET, Marcel: „Die chinesische Zivilisation" und „Das chinesische Denken – Inhalt, Form, Charakter", R. Piper Vlg., München 1971

GRILL, Julius: „Lao-tses Buch vom höchsten Wesen und vom höchsten Gut" (Tao-Te-King), Vlg. Mohr Tübingen 1910

HEILER, Friedrich: „Die Religionen der Menschheit" Vlg. Reclam, Stuttgart 1961

I GING – Das Buch der Wandlungen. Übers. u. m. einer Einf. v. Richard Wilhelm, Eugen Diederichs Vlg. 1923

JOCKEL, Rudolf: „Die lebenden Religionen" Deutsche Buchgemeinschaft, Berlin 1959

KUNGFUTSE: Schulgespräche „Gia Yü", übers. v. Richard Wilhelm. Eugen Diederichs Vlg. DG 36, 1981

„Die Weisheit des KONFUZIUS", Übers. u. eingel. H. O. H. Stange, Insel Vlg. 1964

„KONFUZIUS – Sinnsprüche und Spruchweisheiten", Jörg Weigand, W. Heyne Vlg. 1983

„KONFUZIUS – Der Weg des Himmels und der Erde", aus dem Lun Yü und Li Gi. Hrsg. I. v. Wedemeyer, Verlag Heilbronn 1985

KUNGFUTSE: „Gespräche" (Lun Yü)
Übersetzt und erläutert von Richard Wilhelm, Eugen Diederichs Vlg. Jena 1914 und Düsseldorf 1955

LAO-TSE: „Tao-Te-King", übers. u. eingel. v. Günther Debon, Reclam Vlg. 1961

LIÄ-DSI: „Das wahre Buch vom quellenden Urgrund" Eugen Diederichs Vlg. Köln 1974

„LI GI" – Das Buch der Sitte. Übers. u. erl. v. Richard Wilhelm, Eugen Diederichs Vlg., Köln-Düsseldorf

LIN YUTANG: „Konfuzius", Fischer Vlg. 1957

LIN YUTANG: „Kontinente des Glaubens", DVA 1961.

LIN YUTANG: „Laotse", Fischer Vlg. 1955

LÜ BU WE: „Frühling und Herbst des –". Hrsg. Richard Wilhelm, Eugen Diederichs Vlg., Köln

MAISEL, Edward: „Gesund durch Taichi", Albert Müller Vlg. 1965

MENSCHING, Gustav: „Die Söhne Gottes", Desch Vlg. 1958

RAINER, Roland: „Die Welt als Garten – China", Akadem. Vlgsanstalt, Graz 1979

ROUSELLE, Erwin: „Seelische Führung im lebenden Taoismus", Eranos Jahrbuch 1933, Bd. 1, S. 135-199, Rhein Vlg. Zürich 1934

RÜDENBERG, Werner: „Chinesisch-deutsches Wörterbuch" 3. erweiterte, völlig neu bearbeitete Auflage von Hans Otto H. Stange, Hamburg, Cram, de Gruyter 1958-63

SCHÖNBERGER, Martin: „Verborgener Schlüssel zum Leben – Weltformel I-Ging im genetischen Code". O. W. Barth Vlg. München 1973

SPEISER, Werner: „Chinesische Kunst", Pawlak Vlg. Herrsching 1974

SPEISER, Werner u. G. Debon: „Chinesische Geisteswelt", Baden-Baden 1957

STIEFVATER, Erich W. u. I. R.: „Chinesische Atemlehre und Gymnastik", Haug Vlg. Ulm 1962

STOLLWERCK, Dieter: „Der Mandarin aus Macerata: Matteo Ricci", Ein Jesuit am chinesischen Kaiserhof. Rundfunksendung, Bayer. Rundfunk 16. 6. 85

THUJA, Aleke: „Dem Einhorn auf der Spur", Chiva Vlg. Kiel 1984

TIEFENBACHER, Josef: „Lao-tse" Ausdeutung und Nachdichtung von Sprüchen aus dem Tao-te-king des Lao-tse, Stuttgart: Schuler Vlg. 1948

TSCHUANG-TSE: „Dichtung und Weisheit". Übers. u. m. e. Nachw. v. H. O. H. Stange, Insel-Bücherei Nr. 499, Leipzig

UNSCHULD, Paul Ulrich: „Ein Arzneibuch aus dem China des 16. Jahrh.", Moos Vlg. München 1973

WEDEMEYER, Inge von: „Der Pfad der Meditation im Spiegel einer universalen Kunst", Aurum Vlg. Freiburg 1977

WEDEMEYER, Inge von: „Die Goldenen Verse des Pythagoras", Vlg. Heilbronn 1984

WEDEMEYER, Inge von: „Wie Musik die Meditation vertiefen kann". Vlg. Kurt Fechtner, Ludwigshafen

WILHELM, Richard, siehe: I Ging – Kungfutse – Li Gi – Lü Bu We – Das Geheimnis der Goldenen Blüte – Gia Yü

Abkürzungen im Text:
Lin Yutang: „Konfuzius": L
Kungfutse: „Gespräche", Lun Yü: LY

Inhaltsverzeichnis

„Die Goldene Mitte"
Kostbare Texte einst und heute

Bestellungen ab 5 Stück, bei beliebiger Titelwahl.
Die Reihe wird fortgesetzt. Jedes Heft DM 2,-

Verlag Heilbronn
Postfach 3641
D-7100 Heilbronn